지금부터,
갈등해결자

갈등을 바라보는 새로운 시각

*

이 책은 출판사 브레인레오에서 제작하는 <지금부터> 시리즈의 첫 번째 작품입니다. 이 책을 읽는 독자 또한 앞으로 이어질 시리즈의 주인공이 될 수 있습니다. 그것은 '지금부터'입니다.

갈등의 사전적 정의는 '서로 다른 입장이나 이해관계가 충돌하는 상태'입니다. 하지만 이는 갈등의 겉모습만을 설명할 뿐입니다. 갈등의 본질은 더 깊은 곳에 있습니다. 마치 빙산의 일각처럼, 우리가 보는 갈등의 표면 아래에는 더 복잡하고 근본적인 요소들이 숨어있습니다.

*

머리말

빈자리

최근 개그콘서트 속 '아는 노래'를 보면서 감동을 받았습니다. '아는 노래'는 우리가 잘 알고 있던 노래를 다른 시각으로 재해석한 뮤지컬 형식의 개그 코너인데, 실제 있었던 이야기를 모티브로 했기 때문에 시청자들의 마음을 움직였다고 생각합니다. 그때 본 내용이 마음에서 떠나지 않아 이 책의 앞부분을 관련 내용으로 채웠습니다.

졸업식 날의 풍경

교정에 흐드러지게 핀 벚꽃잎이 날리는 3월의 어느 날, 민지의 고등학교 졸업식이 열렸습니다. 졸업장을 받고 나온 학생들과 학부모들로 교정은 웃음소리와 카메라 플래시 빛으로 가득했습니다.

> "민지야, 이쪽으로! 아빠랑 같이 사진 찍자~"
> "우리도 가족사진 찍어요!"

삼삼오오 모여 사진을 찍는 친구들과 그들의 가족을 바라보며, 민지는 무심코 휴대폰을 꺼내 확인했습니다. 문자도, 부재중 전화도 없었습니다.

> "민지야, 이리 와서 엄마랑 사진 찍자."
> "됐어요..."

 엄마는 평소보다 더 밝은 목소리로 말했지만, 그 목소리 속에 담긴 애써 밝은 척하는 기색을 민지는 놓치지 않았습니다.
 일기장 속에는 민지의 솔직한 마음이 켜켜이 쌓여있었습니다.

> "오늘도 아빠는 안 오셨다. 작년 중간고사 때 1등 했을 때도, 이번 졸업식에도... 매번 '다음에는 꼭 갈게'라고 하시지만, 그 다음은 언제일까? 친구들은 주말마다 가족과 함께 영화도 보고 맛있는 것도 먹으러 간다는데... 우리는 언제나 엄마랑 둘이다. 아빠가 우리를 싫어하는 걸까? 아니면 그저 우리가 중요하지 않은 걸까..."

 회사 책상 위, 반듯하게 꽂혀있는 가족사진을 바라보며 김과장은 한숨을 내쉬었습니다.

"또 하나의 중요한 날을 놓쳤구나. 지난번에는 꼭 가겠다고 약속했었는데. 이번 프로젝트만 잘 마무리되면 승진도 가능하다고 했는데... 그래, 이번만 잘 되면 민지 대학 등록금도 걱정 없을 거야. 그때는 꼭 더 많은 시간을 보내줄 수 있을 거야."

주말 아침, 드문 일이지만 식사 자리에서 마주하게 되었습니다.

"아빠, 이번 주말에 우리 가족 사진 찍으러 가면 안 될까요?"
"이번 주말에는 어려울 것 같은데... 중요한 회의가 있어서..."
"또요? 맨날 회의, 회의... 우리한텐 언제나 회사가 더 중요하시죠?"
"민지야, 그게 아니라..."
"됐어요. 어차피 늘 그렇잖아요."

방학이 시작되고, 민지는 아르바이트를 시작했습니다. 어느 날 우연히 늦은 시간 퇴근하는 길에 회사 앞을 지나가던 민지는 불이 켜진 사무실 창가에서 아버지의 모습을 발견했습니다. 굽은 등, 피곤에 절은 얼굴로 모니터를 바라보고 있는 모습이었습니다.

다음 날, 궁금증에 이끌려 아버지의 서재에 들어간 민지는 책상 서랍 속에서 한 달력을 발견했습니다. 빼곡히 적혀있는 회의 일정들 사이로 작은 글씨들이 눈에 띄었습니다.

> '민지 졸업식 - 휴가신청?'
> '민지 생일 - 일찍 퇴근하기'
> '민지 입학식 - 반차라도...'

모두 결국 실현되지 못한 계획이었지만, 그 의미는 컸습니다.

저녁 식사 후, 민지는 처음으로 아버지의 방에 찾아갔습니다.

> "아빠..."
> "응? 우리 딸이 웬일이야?"
> "저... 아빠 달력 봤어요. 제 일정들 다 적어두신 거..."
> "아... 그걸 봤구나..."

잠시 침묵이 흘렀습니다.

> "미안하다. 아빠가 많이 부족했지."
> "아니에요. 제가... 제가 아빠 마음을 몰랐어요. 늘 저희를 생각하고 계셨단 걸."

이 이야기는 단순히 한 가족의 이야기로 끝나지 않습니다. 우리 사회의 많은 가정이 겪고 있는 현실이기도 합니다. 일과 가정의 균형이라는 말이 있지만, 현실에서 그 균형을 찾기는 쉽지 않습니다. 특히 자녀 교육비와 생활비 부담이 나날이 커지는 현대 사회에서, 많은 부모들이 비슷한 선택의 기로에 서있습니다.

하지만 때로는 '있어주지 못함'에 대한 미안함을 표현하는 것, 그리고 그 미안함과 노력을 알아주는 것만으로도 서로를 이해하는 첫걸음이 될 수 있습니다. 완벽한 해결책은 아닐지라도, 서로의 마음을 이해하고 인정하는 것에서부터 관계 회복은 시작될 수 있습니다.

개그콘서트 '아는 노래'에서 위와 비슷한 내용으로 뮤지컬이 진행되었습니다. 뻔한 내용이라고 할 수 있지만 많은 사람들이 감동을 받았던 이유는 많은 가정에서 벌어지는 내용이며, 갈등 해결이 쉽게 되지 않음을 공감했기 때문일 것입니다.

민지와 아버지의 이야기는 계속 이어질 것입니다. 여전히 아버지는 바쁘고, 민지의 섭섭함은 완전히 사라지지 않습니다. 하지만 이제 그들은 서로의 마음을 조금은 더 이해하게 되었을 것입니다. 때로는 이해하는 것만으로도, 관계는 한 걸음 더 나아갈 수 있습니다.

> "아빠, 다음에 또 못 오시게 되더라도... 이제는 이해할 수 있을 것 같아요. 대신 미리 말씀해주세요."
> "그래, 우리 딸... 고마워."

여기에는 현대 사회에서 일과 가정의 균형을 잡기 어려운 구조적 문제가 있습니다. 특히 한국 사회는 이러한 갈등이 더욱 첨예하게 나타납니다. OECD 국가 중 최장 노동시간을 기록하는 현실에서, 많은 직장인들은 '워라밸'을 말하기도 전에 생존을 걱정해야 합니다. 높은 교육비와 치솟는 주거비용은 맞벌이를 선택이 아닌 필수로 만들었고, 직장에서의 경쟁은 더욱 치열해졌습니다.

퇴근 후 가족과 함께하는 시간을 보장받기 위해서는 더 높은 연봉을 포기해야 할 수도 있습니다. 승진을 위해서는 밤늦게까지 이어지는 회식도 마다할 수 없습니다. 자녀의 학교 행사에 참석하기 위해 휴가를 신청하면, 눈에 보이지 않는 불이익을 감수해야 할지도 모릅니다.

구조적인 문제는 여기서 그치지 않습니다. 경직된 조직문화는 육아휴직이나 유연근무제 사용을 어렵게 만듭니다. 겉으로는 '가족친화기업'을 표방하지만, 실제로 이를 활용하는 직원들은 승진에서 누락되거나 중요한 프로젝트에서 배제되는 경우가 많습니다.

자녀들 역시 이러한 사회 구조 속에서 성장합니다. 학원 스케줄로 가득 찬 하루 일과표는 부모와의 시간을 더욱 줄어들게 만듭니다. 부모의 바쁜 일정과 자녀의 **빼빼한** 학업 일정이 맞물려, 가족이 함께할 수 있는 시간은 점점 더 희소해지고 있습니다.

이러한 현실에서 완벽한 해결책을 찾기는 어렵습니다. 하지만 우리는 이 문제를 개인의 책임으로만 돌릴 것이 아니라, 사회적 차원의 해결책을 모색해야 합니다. 법정 근로시간 준수, 유연근무제 확대, 육아휴직 활성화, 조직문화 개선 등 정책적인 지원과 함께, 우리 사회의 인식 변화도 필요합니다.

이 이야기를 소개하면서 개그콘서트 이야기를 꺼낸 이유가 있습니다. 감동을 받은 이유도 있지만, 감동에서 끝나면 안 된다는 말을 하고 싶습니다. 갈등의 해결은 분명히 어떤 진행이 반드시 되어야 합니다. 위 이야기에서는 우연이지만 민지가 아버지의 달력을 본 행동이 있었습니다. 그리고 아버지에 대한 서운함이 단순히 아버지 때문이 아님을 알게 되었습니다. 더 복잡한 갈등은 이보다 훨씬 복잡한 해결의 단계를 거쳐야 할 것입니다. 이 책은 그것을 돕는 내용으로 구성되어 있습니다.

《목차》

머리말 빈자리　　　　　　　　　　　　　4

1부　갈등 이해하기

갈등의 의미	17
우리는 왜 갈등하는가	18
갈등의 본질	21
갈등의 다양한 얼굴	23
갈등을 바라보는 새로운 시각	26
갈등 해결의 첫걸음	29
함께 만드는 해결책	33

2부　갈등을 말하다

마하트마 간디	36
넬슨 만델라	40
마틴 루터 킹 주니어	44
달라이 라마	49
알베르트 아인슈타인	56
엘리너 루즈벨트	65

3부　갈등 이론 두 가지

코저의 갈등기능론	73
버톤의 기본적 인관욕구이론	84

4부　갈등 관련자들

갈등 조장자	93
갈등 동조자	97
갈등 해결자	104

5부 갈등을 일으키는 성격

완벽주의	134
피해의식	138
통제	143
수동공격	147
자기중심	152
과민반응	156
경쟁	160
비관주의	165
과도한 비판	169
회피	174

6부 욕심

욕심 부리기	181
욕심 다스리기	188
욕심 버리기	191

7부 갈등 해결하기

토마스-킬만의 갈등 관리 모델	197
서클 프로세스	226
비폭력 대화	233
이해 기반 협상	241
변형적 조정	248
내러티브 조정	258
감정 코칭	269
해결 중심 접근법	277
심리게임	285
습관 만들기	300

끝말 갈등 해결자 308

1부

갈등 이해하기

갈등의 의미

갈등이라는 단어에 대해서 먼저 살펴보겠습니다. 갈등을 한자로 보면 葛騰이며, 갈(葛)은 '엉키다', '얽히다'라는 의미를 가지고 있습니다. 이는 서로 다른 요소들이 복잡하게 얽혀 있는 상태를 나타냅니다. 등(騰)은 '오르다', '솟아오르다'라는 의미를 가지고 있습니다. 이는 어떤 상황이나 감정이 격해지거나 고조되는 것을 나타낼 수 있습니다. 이 두 한자가 결합되어 갈등은 서로 얽히고 격해지는 상황을 의미합니다. 즉, 서로 다른 의견이나 이해관계가 얽혀서 발생하는 대립이나 충돌을 나타냅니다. 이러한 한자의 조합은 갈등의 본질을 잘 설명해 주며, 갈등이 단순한 대립이 아니라 복잡한 상호작용의 결과임을 시사합니다.

이번에는 영어 conflict의 어원을 살펴보겠습니다. 라틴어 'conflictus'에서 유래된 이 단어는 'con-'(함께)와 'fligere'(부딪히다, 충돌하다)라는 두 부분이 합쳐져 '함께 부딪히다'라는 의미를 내포하고 있습니다. 한자나 영어의 의미가 매우 유사하다는 것을 알 수 있습니다.

우리는 왜 갈등하는가

아침에 눈을 뜨는 순간부터 우리는 크고 작은 갈등 속에서 살아갑니다. 늦잠을 자고 싶은 마음과 일어나야 하는 현실 사이의 갈등으로 하루를 시작하고, 퇴근 후 피곤한 몸을 이끌고 약속을 지켜야 할지 말아야 할지의 갈등 속에서 하루를 마무리합니다. 이처럼 갈등은 우리 삶의 모든 순간에 존재하며, 때로는 우리를 성장시키는 원동력이 되기도 합니다.

갈등은 우리 삶의 일부이자 피할 수 없는 현실입니다. 하지만 많은 사람들은 갈등을 부정적으로만 바라봅니다. "갈등만 없다면 얼마나 좋을까?" 하고 생각합니다. 정말 그럴까요? 갈등이 전혀 없는 세상이 과연 이상적일까요? 오히려 갈등이 없는 상태는 무관심이나 억압의 결과일 수 있습니다. 진정한 평화는 갈등의 부재가 아닌, 갈등을 건강하게 다룰 수 있는 능력에서 시작됩니다.

인간은 본질적으로 각자 다른 욕구와 가치관을 가지고 있습니다. 서로 다른 생각과 감정을 가진 개인들이 관계를 맺고 살아가는 한, 갈등은 자연스러운 현상입니다. 예를 들어, 한 팀에서 일하는 동료들을 생각해보세요. 신중하게 계획을 세우고 진행하기를 원하는 사람과

빠르게 실행에 옮기기를 원하는 사람 사이에는 자연스럽게 갈등이 생길 수 있습니다. 이는 어느 한쪽이 잘못해서가 아니라, 서로 다른 업무 스타일을 가지고 있기 때문입니다.

더 나아가 갈등은 변화와 혁신의 신호이기도 합니다. 현상 유지에 만족한다면 갈등은 발생하지 않을 것입니다. 하지만 더 나은 것을 추구하고, 현재의 문제를 개선하고자 할 때 갈등이 생깁니다. 과학의 발전 과정을 보면 이를 잘 알 수 있습니다. 기존 이론과 새로운 발견 사이의 갈등, 다른 관점을 가진 과학자들 사이의 논쟁이 있었기에 과학은 발전할 수 있었습니다.

갈등은 또한 우리가 무엇을 중요하게 여기는지를 보여주는 지표가 됩니다. 사소하거나 의미 없는 일에는 갈등이 일어나지 않습니다. 우리에게 가치 있고 중요한 것을 두고 갈등이 발생합니다. 예를 들어, 부모와 자녀 사이의 진로를 둘러싼 갈등은 양쪽 모두 자녀의 미래를 진심으로 걱정하기 때문에 발생합니다. 이처럼 갈등은 종종 서로에 대한 관심과 애정의 다른 표현이 되기도 합니다.

갈등은 관계를 더 깊이 있게 만드는 기회가 되기도 합니다. 갈등을 겪으면서 서로를 더 잘 이해하게 되고, 이를 해결하는 과정에서 관계가 한 단계 성숙해질 수 있습니다. 오랜 친구 사이의 우정이 깊어지는 것은 종종 어려운 갈등을 함께 극복한 경험이 있기 때문입니다.

그러나 이는 갈등을 적절히 다룰 때에만 가능한 일입니다. 갈등을 회피하거나 억압하면 오히려 더 큰 문제가 될 수 있습니다. 마치 압력밭솥의 증기처럼, 제대로 배출되지 못한 갈등은 언젠가 더 큰 폭발로 이어질 수 있습니다. 따라서 중요한 것은 갈등의 존재 자체가 아니라, 그것을 어떻게 인식하고 다루느냐입니다.

현대 사회에서 갈등은 더욱 복잡해지고 있습니다. 디지털 기술의 발달로 소통의 방식이 다양해졌고, 가치관의 차이도 더욱 뚜렷해졌습니다. SNS를 통해 순식간에 퍼지는 갈등, 익명성을 악용한 공격적인 태도, 서로 다른 세대 간의 이해 부족 등 새로운 형태의 갈등들이 등장하고 있습니다. 이러한 변화는 갈등을 이해하고 해결하는 새로운 방식의 필요성을 제기합니다.

갈등의 본질

갈등의 사전적 정의는 '서로 다른 입장이나 이해관계가 충돌하는 상태'입니다. 하지만 이는 갈등의 겉모습만을 설명할 뿐입니다. 갈등의 본질은 더 깊은 곳에 있습니다. 마치 빙산의 일각처럼, 우리가 보는 갈등의 표면 아래에는 더 복잡하고 근본적인 요소들이 숨어있습니다.

갈등의 본질은 '차이'에 대한 인식입니다. 이 차이는 다양한 형태로 나타납니다. 가치관의 차이, 목표의 차이, 방법의 차이, 이해관계의 차이 등이 있습니다. 하지만 흥미로운 점은 이러한 차이가 있다고 해서 반드시 갈등이 일어나는 것은 아니라는 사실입니다. 차이는 갈등의 필요조건이지만 충분조건은 아닙니다. 갈등이 발생하려면 그 차이가 당사자들에게 중요하게 인식되어야 하며, 이를 변화시키고자 하는 욕구가 있어야 합니다.

갈등의 또 다른 본질적 특성은 상호의존성입니다. 역설적이게도, 갈등은 서로가 연결되어 있다는 증거입니다. 전혀 관계가 없는 사람들 사이에서는 갈등이 일어나지 않습니다. 가족 간의 갈등, 동료 간의 갈등, 이웃 간의 갈등은 모두 우리가 서로 영향을 주고받는 관계에 있다는 것을 보여줍니다. 이는 갈등 해결의 실마리가 되기도 합니다. 상호의존적이기 때문에, 한쪽의 일방적인 승리가 아닌 상생의 해결책을 찾아야 하기 때문입니다.

갈등은 또한 소통의 한 형태입니다. 비록 부정적인 방식일 수 있지만, 갈등을 통해 우리는 서로의 존재와 필요를 인식하게 됩니다. 때로는 갈등이 대화의 시작이 되기도 합니다. 평소에는 하지 못했던 이야기들이 갈등 상황에서 표출되면서, 서로에 대한 더 깊은 이해가 가능해지기도 합니다.

더 나아가 갈등은 시스템의 건강성을 보여주는 지표가 될 수 있습니다. 겉으로는 평화로워 보이는 조직이나 관계가 실제로는 깊은 문제를 안고 있을 수 있습니다. 반대로 표면적인 갈등이 있더라도, 이를 건강하게 다룰 수 있는 시스템은 오히려 더 강하고 유연할 수 있습니다. 이는 마치 면역체계와 같습니다. 적당한 자극과 도전이 있어야 시스템이 더 강해질 수 있는 것입니다.

갈등의 본질을 이해하는 것은 갈등에 대한 우리의 태도를 변화시킵니다. 갈등을 단순히 피해야 할 문제 상황으로 보는 것이 아니라, 성장과 변화의 기회로 바라볼 수 있게 됩니다. 승패를 가르는 것이 아니라, 서로의 필요와 가치를 이해하고 더 나은 해결책을 찾아가는 과정으로 접근할 수 있게 되는 것입니다.

갈등의 다양한 얼굴

갈등은 우리 삶에서 다양한 모습으로 나타납니다. 여러 형태를 가지고 있는 갈등의 다양한 모습을 이해하는 것은 효과적인 해결방안을 찾는 첫걸음이 됩니다.

가장 흔하게 접하는 것은 '개인 간의 갈등'입니다. 부부 사이의 의견 충돌, 부모와 자녀 간의 세대차이, 친구 간의 오해, 직장 동료와의 경쟁 등이 여기에 속합니다. 이러한 갈등의 특징은 감정적인 요소가 강하게 작용한다는 점입니다. 특히 가까운 관계일수록 더 강한 감정이 개입되며, 과거의 경험과 기억이 현재의 갈등에 영향을 미치게 됩니다. 예를 들어, 부부간의 사소한 다툼이 과거의 못다 한 이야기들로 번지는 경우를 떠올려보세요. 또한 개인 간 갈등은 관계의 맥락과 떼어놓고 생각할 수 없습니다. 직장 상사와의 갈등은 단순한 의견 차이를 넘어, 권력 관계와 조직 문화라는 더 큰 맥락 속에서 이해해야 합니다.

'집단 간의 갈등'은 더욱 복잡한 양상을 띱니다. 세대 갈등, 이념 갈등, 노사 갈등, 지역 갈등 등이 대표적입니다. 이러한 갈등의 특징은 개인적 차원을 넘어 사회 구조적인 문제와 맞닿아 있다는 점입니다. 예를 들어,

MZ세대와 기성세대 간의 갈등은 단순히 개인들의 가치관 차이가 아닌, 각 세대가 경험한 사회경제적 환경의 차이에서 비롯됩니다. 노사 갈등 역시 개별 회사의 문제를 넘어 전체 경제 구조와 노동 환경의 변화와 연결되어 있습니다. 이런 집단 간 갈등은 종종 뿌리 깊은 편견과 고정관념을 동반하며, 해결을 위해서는 제도적 접근과 사회적 합의가 필요한 경우가 많습니다.

'내적 갈등'은 겉으로는 잘 드러나지 않지만, 우리 모두가 경험하는 중요한 갈등의 형태입니다. 진로를 선택할 때의 고민, 도덕적 딜레마 상황에서의 갈등, 자신의 욕구와 현실 사이의 간극에서 오는 갈등 등이 여기에 해당합니다. 내적 갈등의 특징은 해결의 기준이 모호하다는 점입니다. 외부의 갈등은 어떤 형태로든 타협점을 찾을 수 있지만, 내적 갈등은 스스로와의 협상이 필요합니다. 예를 들어, 안정적인 직장을 유지할 것인가, 아니면 불확실하지만 하고 싶은 일을 시작할 것인가의 갈등은 단순히 득실을 따지는 것만으로는 해결되지 않습니다.

'조직 내 갈등'도 독특한 특성을 보입니다. 부서 간 갈등, 리더십을 둘러싼 갈등, 업무 방식의 차이에서 오는 갈등이 이에 속합니다. 이러한 갈등은 공식적인 규칙과 비공식적인 관계가 복잡하게 얽혀있다는 특징이 있습니다. 예를 들어, 새로운 시스템 도입을 둘러싼 갈등은 겉으로는 업무 효율성에 대한 논쟁이지만, 그 이면에는 기존 권력 구조의 변화에 대한 저항이 숨어있을 수 있습니다.

'문화적 갈등'은 현대 사회에서 점점 더 중요해지고 있는 형태입니다. 다문화 사회로의 진입, 글로벌화의 가속화로 인해 서로 다른 문화적 배경을 가진 사람들 간의 갈등이 증가하고 있습니다. 이러한 갈등의 특징은 서로 다른 가치관과 생활방식이 충돌한다는 점입니다. 간단한 예로, 음식 문화의 차이에서 오는 갈등부터 종교적 관습의 차이로 인한 심각한 대립까지 다양한 스펙트럼을 보입니다.

이처럼 갈등은 단순히 하나의 형태로 존재하지 않습니다. 더구나 현실에서는 이러한 여러 유형의 갈등이 복합적으로 얽혀있는 경우가 많습니다. 가령, 부부간의 갈등(개인 간 갈등)이 시댁과 처가의 갈등(집단 간 갈등)으로 번지고, 여기에 전통과 현대의 가치관 충돌(문화적 갈등)이 더해지는 식입니다. 따라서 갈등을 효과적으로 다루기 위해서는 갈등의 다양한 형태와 복합적인 성격을 이해하는 것이 필수적입니다.

갈등을 바라보는 새로운 시각

갈등을 이해하는 첫걸음은 갈등을 두려워하지 않는 것입니다. 갈등이 불편하고 고통스러운 것은 사실이지만, 그것은 성장과 발전의 기회이기도 합니다. 마치 근육이 운동할 때의 자극을 통해 강해지듯이, 관계나 조직도 갈등을 건강하게 다루는 과정에서 더욱 단단해질 수 있습니다.

우리는 종종 갈등을 '해결해야 할 문제' 또는 '제거해야 할 장애물'로 바라봅니다. 하지만 이러한 시각은 갈등이 가진 잠재적 가치를 놓치게 만듭니다. 갈등은 오히려 '탐색해야 할 기회' 또는 '이해해야 할 신호'로 보는 것이 더 생산적입니다. 예를 들어, 팀 내에서 발생하는 업무 방식에 대한 갈등은 현재 시스템의 문제점을 드러내는 중요한 신호일 수 있습니다. 이를 단순히 해결하고 넘어가는 것이 아니라, 더 효율적인 업무 방식을 개발하는 계기로 삼을 수 있습니다.

갈등은 또한 소통의 시작점이 될 수 있습니다. 갈등이 표면화되면서 그동안 보지 못했던 문제들이 드러나고, 서로의 입장과 감정을 이해할 수 있는 기회가 생깁니다. 이는 마치 진단과 같습니다. 통증이 있어야 질병을 발견하고 치료할 수 있듯이, 갈등을 통해 관계나 시스템의 문제를 발견하고 개선할 수 있습니다.

새로운 관점에서 보면, 갈등은 다양성의 표현이기도 합니다. 모든 사람이 같은 생각을 가지고 있다면 갈등은 없을 것입니다. 하지만 그것이 과연 건강한 상태일까요? 다양한 관점과 의견이 존재하고, 이것이 때로는 갈등으로 표출되는 것은 오히려 자연스럽고 필요한 현상일 수 있습니다. 이는 마치 생태계에서 다양한 종이 서로 경쟁하고 협력하면서 전체적인 균형을 이루는 것과 비슷합니다.

갈등을 새롭게 바라본다는 것은 다음과 같은 긍정적 기능의 의미로 받아들이는 것입니다.

변화의 촉매제가 될 수 있습니다
창의적 해결책을 찾게 만듭니다
서로에 대한 이해를 깊게 합니다
숨겨진 문제를 표면화시킵니다
더 나은 대안을 모색하게 합니다

특히 주목할 점은 갈등이 혁신의 원동력이 될 수 있다는 것입니다. 역사적으로 많은 혁신과 발전이 갈등 상황에서 탄생했습니다. 기존의 방식을 유지하는 것과

새로운 시도를 하는 것 사이의 갈등, 다른 관점을 가진 사람들 사이의 건설적인 충돌이 새로운 아이디어와 해결책을 만들어내는 경우가 많았습니다.

갈등을 바라보는 새로운 시각은 갈등 해결의 방식도 변화시킵니다. 갈등을 제거하거나 회피하는 것이 아니라, 다음과 같은 방식으로 갈등을 다루게 될 것입니다. 그동안 이런 방식으로 바라보지 못했다면 당장 오늘부터 활용을 해보세요. 이전과 다른 결과를 경험하게 될 것입니다.

대립되는 의견을 문제가 아닌 기회로 보기
상대방의 관점에서 상황을 이해하려 노력하기
갈등 상황에서 배울 점 찾기
장기적 관점에서 해결책 모색하기
갈등을 통해 관계를 더 강화할 기회로 삼기

이러한 새로운 시각은 갈등에 대해서 승패를 가르는 것이 아니라, 모두가 성장할 수 있는 기회로 만들 것입니다. 이는 '윈-윈(win-win)'이라는 표현을 넘어서는 것입니다. 단순히 양측이 만족할 만한 타협점을 찾는 것이 아니라, 갈등을 통해 모두가 학습하고 발전하는 것을 목표로 하는 것입니다.

갈등 해결의 첫걸음

갈등을 해결하기 위한 첫 번째 단계는 갈등을 정확히 인식하는 것입니다. 무엇이 갈등의 진짜 원인인지, 표면적인 대립 이면에 어떤 욕구와 감정이 있는지를 이해해야 합니다.

이를 위해서는 먼저 갈등을 직시할 용기가 필요합니다. 갈등을 회피하거나 무시하는 것은 일시적인 평화를 가져올 수는 있지만, 근본적인 해결책이 될 수는 없습니다. 오히려 갈등을 회피할수록 문제는 더 깊어지고 복잡해질 수 있습니다. 마치 작은 상처를 방치했을 때 염증이 생기는 것처럼, 무시된 갈등은 더 큰 문제로 발전할 수 있습니다.

갈등을 인식할 때 중요한 것은 '객관적 관찰'입니다. 우리는 종종 감정에 휘둘려 상황을 왜곡해서 보는 경향이 있습니다. 예를 들어, 동료의 의견 제시를 '비판'이나 '공격'으로 받아들이거나, 단순한 실수를 '의도적인 무시'로 해석하는 경우가 있습니다. 따라서 먼저 사실과 해석을 분리하는 것이 중요합니다.

갈등 상황을 파악할 때는 다음과 같은 질문들이 도움이 됩니다.

정확히 어떤 상황에서 갈등이 발생했는가?
관련된 당사자들은 누구인가?
각자가 원하는 것은 무엇인가?
표면적인 대립 이면의 진짜 욕구는 무엇인가?
이 갈등이 지속되는 이유는 무엇인가?

특히 중요한 것은 갈등의 '진짜 원인'을 찾는 것입니다. 종종 우리가 보는 갈등은 빙산의 일각일 뿐입니다. 예를 들어, 부부간의 집안일 분담을 둘러싼 다툼은 실제로는 서로에 대한 인정과 존중의 욕구가 충족되지 않아서 발생하는 경우가 많습니다.

갈등 해결의 두 번째 단계는 '감정 인식'입니다. 갈등 상황에서는 다양한 감정이 복잡하게 얽혀있기 마련입니다. 분노, 두려움, 슬픔, 불안 등의 감정을 인식하고 인정하는 것이 중요합니다. 이때 주의할 점은 감정을 판단하지 않는 것입니다. 모든 감정은 자연스러운 것이며, 그 자체로 옳고 그름이 없습니다.

세 번째 단계는 '소통 준비'입니다. 갈등 해결은 결국 소통을 통해 이루어집니다. 효과적인 소통을 위해서는 다음의 다섯 가지 내용을 반드시 고려해야 합니다.

적절한 시기와 장소 선택하기
열린 마음으로 경청할 준비하기
비난이나 비판 없이 대화하기
상대방의 입장에서 생각해보기
구체적인 해결방안 준비하기

이 과정에서 중요한 것은 '나'를 먼저 돌아보는 것입니다. 갈등 상황에서 우리는 흔히 상대방의 잘못만 보게 됩니다. 하지만 진정한 해결은 나의 변화에서 시작됩니다. 내가 이 갈등에 어떻게 기여했는지, 나의 어떤 행동이나 태도가 상황을 악화시켰는지 성찰해보는 것이 필요합니다.

마지막으로, '현실적인 기대를 가지는 것'이 중요합니다. 모든 갈등이 완벽하게 해결될 수는 없습니다. 때로는 '해결'이 아닌 '관리'가 더 현실적인 목표일 수 있습니다. 또한 갈등 해결은 시간이 필요한 과정임을 인정해야 합니다. 빠른 해결을 강요하다가 오히려 더 큰 문제를 만들 수 있습니다.

이러한 첫걸음들은 갈등 해결의 기초가 됩니다. 이를 바탕으로 구체적인 해결 방안을 모색하고 실천해 나갈 수 있습니다. 중요한 것은 이 과정에 완벽할 필요는 없다는 것입니다. 작은 시도와 노력부터 시작하여 점진적으로 발전시켜 나가는 것이 현실적인 접근방법입니다.

함께 만드는 해결책

갈등 해결은 결코 쉬운 일이 아니지만, 불가능한 일도 아닙니다. 가장 중요한 것은 갈등 당사자들이 함께 해결책을 찾아가려는 자세입니다. 일방적인 양보나 타협이 아닌, 모두가 만족할 수 있는 창의적인 해결책을 모색하는 것이 필요합니다.

해결책을 찾아가는 과정에서는 몇 가지 핵심적인 원칙들이 있습니다. 첫 번째로 '상호 존중'의 원칙이 중요합니다. 각자의 의견과 감정을 동등하게 존중하고, 비난이나 공격적인 태도를 피하며, 서로의 다름을 인정하고 받아들이는 자세가 필요합니다. 예를 들어, 한 사람이 말할 때 끝까지 경청하고, 상대방의 감정을 인정하는 표현을 사용하는 것이 도움이 됩니다.

두 번째로는 '열린 소통'이 필수적입니다. 진심으로 경청하는 자세로 임하고, 자신의 생각과 감정을 명확하고 솔직하게 표현하며, 서로 건설적인 피드백을 주고받아야 합니다. "나는 이렇게 느꼈어요"와 같은 '나-전달법'을 사용하는 것이 효과적입니다.

세 번째로 '창의적 접근'이 중요합니다. 기존의 틀에서 벗어나 새로운 대안을 모색하고, 다양한 가능성을 열어두며, 문제를 여러 각도에서 바라보아야 합니다. 때로는 전혀 예상치 못한 해결책이 최선일 수 있습니다.

이러한 원칙들을 바탕으로, 해결책을 만들어가는 과정은 여러 단계를 거칩니다. 우선 '준비 단계'에서는 적절한 시간과 장소를 선정하고, 필요한 정보와 자료를 수집하며, 참여자들의 심리적 준비를 확인합니다. 다음으로 '탐색 단계'에서는 각자의 관점과 요구사항을 파악하고, 공통의 이해관계를 발견하며, 가능한 해결 방안들을 자유롭게 제시합니다.

'개발 단계'에서는 제안된 해결책들의 장단점을 분석하고, 실현 가능성을 검토하며, 구체적인 실행 계획을 수립합니다. 마지막 '실행 단계'에서는 합의된 해결책을 실천하고, 진행 상황을 지속적으로 모니터링하며, 필요한 경우 수정과 보완을 진행합니다.

특히 중요한 것은 해결책의 지속가능성입니다. 실제로 실행 가능하고, 모든 당사자에게 공정하며, 상황 변화에 따라 유연하게 조정될 수 있어야 합니다. 이를 위해서는 정기적인 점검과 평가가 필요하며, 문제가 발생할 경우 즉시 대응할 수 있는 체계를 갖추어야 합니다.

해결책을 찾아가는 과정 자체가 중요한 학습의 기회가 될 수 있습니다. 이 과정에서 얻은 경험과 통찰은 향후 유사한 갈등 상황에서 유용하게 활용될 수 있으며, 이는 개인과 조직의 성장에 큰 도움이 됩니다.

2부

갈등을 말하다

마하트마 간디

> "눈에는 눈으로 대응하면 온 세상이 눈멀게 된다."

간디의 이 유명한 말은 그의 비폭력 저항 철학을 잘 보여줍니다. 이 말은 단순히 폭력을 거부하자는 소극적인 의미가 아니라, 적극적인 평화 실현의 방법을 제시한 것입니다. 간디는 이러한 철학을 실천하면서 여러 인상적인 일화를 남겼습니다.

소금행진 사건

1930년, 영국의 소금 독점에 저항하여 진행된 소금행진에서 간디는 놀라운 리더십을 보여줬습니다. 영국군이 시위대를 폭력적으로 진압했을 때, 간디는 대원들에게 "그들의 폭력에 맞서 싸우지 말라. 대신 우리의 비폭력으로 그들의 마음을 변화시키자"고 말했습니다. 실제로 많은 영국 군인들이 비폭력으로 저항하는 시위대를 진압하는 것에 양심의 가책을 느꼈고, 이는 결국 영국의 정책 변화를 이끌어내는 계기가 되었습니다.

단식 투쟁의 교훈

1947년 인도-파키스탄 분리 독립 당시, 힌두교도와 이슬람교도 사이의 유혈 충돌이 발생했을 때, 간디는 단식 투쟁을 시작했습니다. 그는 "나는 두 종교가 평화롭게 공존할 수 있을 때까지 단식할 것"이라고 선언했습니다. 이 단식은 21일 동안 계속되었고, 결국 양측 지도자들이 평화 협정을 맺는 계기가 되었습니다.

법정에서의 일화

1922년 영국 법정에 선 간디는 판사로부터 "당신은 왜 폭동을 선동했는가?"라는 질문을 받았습니다. 이에 간디는 "저는 폭동을 선동한 것이 아니라, 영국의 부당한 법에 저항할 의무를 수행했을 뿐입니다. 만약 당신이 제게 정의롭다고 생각하는 형을 내린다면, 저는 그것을 기쁘게 받아들이겠습니다"라고 대답했습니다. 이 대답은 갈등 상황에서도 원칙을 지키면서 동시에 상대를 존중하는 자세를 보여줍니다.

개인적 갈등에서의 대처

한번은 한 기자가 간디에게 "당신을 가장 화나게 하는 것은 무엇입니까?"라고 물었습니다. 간디는 미소를 지으며 "나는 화를 내지 않습니다. 대신 상황을 변화시키기 위해 노력합니다"라고 답했습니다. 이는 갈등 상황에서 감정적 대응 대신 건설적인 해결책을 찾으려 했던 그의 태도를 잘 보여줍니다.

적과의 대화

영국 식민 통치 시절, 간디는 자신과 대립하는 영국 관리들과도 끊임없이 대화를 시도했습니다. 특히 인상적인 것은 한 영국 관리와 나눈 대화입니다. 그 관리가 "왜 당신은 우리와 싸우면서도 우리를 미워하지 않습니까?"라고 물었을 때, 간디는 "나는 불의와 싸우는 것이지, 사람과 싸우는 것이 아닙니다. 우리의 목표는 적을 패배시키는 것이 아니라, 그들을 친구로 만드는 것입니다"라고 대답했습니다.

이러한 간디의 태도는 많은 영국 관리들의 마음을 움직였습니다. 실제로 여러 영국 관리들이 간디의 이러한 접근 방식에 감동을 받아 인도 독립 운동에 동조하게 되었다고 합니다. 간디는 영국인들을 만날 때마다 그들의 문화와 전통을 존중하는 태도를 보였고, 개인적인 차원에서 친밀한 관계를 맺으려 노력했습니다.

한 가지 흥미로운 일화로, 간디가 런던을 방문했을 때의 이야기입니다. 많은 사람들이 영국의 정치인들과 대립각을 세울 것이라 예상했지만, 간디는 오히려 그들을 차 한잔에 초대했습니다. 이 자리에서 그는 "우리가 서로를 이해하지 못하는 것이 문제의 근원입니다. 차 한 잔을 나누며 이야기를 나누면, 우리는 서로가 얼마나 비슷한지 알게 될 것입니다"라고 말했다고 합니다.

이처럼 간디는 적대적인 관계에서도 항상 대화의 가능성을 열어두었고, 상대방을 인간적으로 이해하려 노력했습니다. 그의 이러한 접근 방식은 오늘날의 갈등 해결에도 중요한 교훈을 줍니다. 특히 정치적, 사회적 갈등이 심화되는 현대 사회에서, 간디가 보여준 '적과의 대화'는 더욱 값진 의미를 가집니다.

넬슨 만델라

> **"용서는 현명한 자의 복수다."**

만델라의 명언은 그의 인생을 관통하는 철학을 보여줍니다. 27년간의 긴 수감 생활에도 불구하고, 그는 복수 대신 화해를 선택했습니다. 이는 단순한 용서를 넘어선 전략적 지혜였습니다.

감옥에서의 일화

만델라는 로벤 섬 교도소에서 수감 생활을 하는 동안, 백인 교도관들과 특별한 관계를 맺었습니다. 처음에는 그를 인종차별주의자처럼 대했던 교도관들도 점차 그의 인격에 감화되었습니다. 한 교도관은 후에 이렇게 회고했습니다. "우리는 그를 감시하러 왔지만, 오히려 그에게서 인생의 교훈을 배웠다." 만델라는 교도관들과 대화를 나누며 아프리칸스어(백인들의 언어)를 배웠고, 그들의 문화를 이해하려 노력했습니다.

럭비 경기장의 통합

1995년 럭비 월드컵은 만델라의 화해 정신을 보여주는 상징적인 사건이었습니다. 럭비는 당시 백인들의 스포츠로 여겨졌고, 많은 흑인들은 남아공 럭비 팀을 인종차별의 상징으로 보았습니다. 그러나 만델라는 남아공 팀의 유니폼을 입고 경기장에 나타났습니다. 이 순간은 국민들에게 큰 충격과 감동을 주었습니다. 한 백인 관중은 "우리를 미워할 모든 이유가 있는 사람이 오히려 우리를 포용하는 모습에 눈물이 났다"고 회고했습니다.

진실화해위원회

만델라는 과거 인종차별 범죄에 대해 단순한 처벌이 아닌, 진실화해위원회를 통한 해결을 선택했습니다. 이 위원회에서는 가해자가 진실을 고백하면 사면을 받을 수 있었습니다. 한번은 자신의 가족을 살해한 가해자를 용서한 유가족에게 기자가 "어떻게 용서할 수 있습니까?"라고 물었을 때, 그 유가족은 "만델라가 27년을 용서했는데, 나는 왜 못하겠습니까?"라고 답했다고 합니다.

대통령 취임식의 의미

1994년 대통령 취임식에 그는 과거 자신을 투옥했던 교도관들을 초대했습니다. 더 놀라운 것은 자신을 재판했던 판사도 초청했다는 점입니다. 취임식 날, 만델라는 이렇게 말했습니다. "어제의 적을 오늘의 친구로 만들지 못한다면, 우리는 결코 진정한 승리를 이룰 수 없습니다."

내각 구성의 지혜

대통령이 된 후, 만델라는 의도적으로 백인들을 주요 각료로 임명했습니다. 심지어 과거 인종차별 정권의 인사들도 포함시켰습니다. 이에 대해 측근들이 우려를 표하자, 만델라는 이렇게 답했다고 합니다. "그들을 배제하면 우리도 그들처럼 되는 것입니다. 우리의 승리는 포용에 있습니다."

만델라의 갈등 해결 원칙

만델라의 갈등 해결 네 가지 원칙 중 첫 번째는 '선제적 화해'의 원칙입니다. 만델라는 상대방이 먼저 화해의 손길을 내밀기를 기다리지 않았습니다. 오히려 그는 먼저 다가가 대화를 시도했고, 화해의 제스처를 보였습니다. 그는 "화해는 누군가 시작해야 하는 것이며, 그 첫 걸음은 강한 사람이 내딛어야 한다"고 믿었습니다.

두 번째는 '포용적 리더십'의 원칙입니다. 만델라는 과거의 적을 배제하거나 차별하지 않고, 오히려 그들을 새로운 동반자로 포함시켰습니다. 그는 승자와 패자를 나누는 대신, 모두가 함께 새로운 미래를 만들어가는 구성원이 되어야 한다고 강조했습니다. 이것이 바로 '무지개 국가'를 만들어가는 그의 방식이었습니다.

세 번째로, 만델라는 '상징적 제스처의 힘'을 잘 활용했습니다. 그는 작은 행동으로 큰 메시지를 전달하는 것의 중요성을 알고 있었습니다. 럭비 경기장에서 스프링복스 유니폼을 입은 것처럼, 그의 한 가지 행동이 수백 마디 연설보다 더 강력한 화해의 메시지가 될 수 있다는 것을 보여주었습니다.

마지막으로, 만델라는 '장기적 관점'을 중시했습니다. 그는 당장의 감정적 만족이나 보복 대신, 미래 세대를 위한 지속가능한 평화를 추구했습니다. '용서는 현명한 자의 복수'라는 그의 말처럼, 용서와 화해가 결국은 더 현명하고 효과적인 해결책이 된다는 것을 보여주었습니다.

이러한 만델라의 원칙들은 단순한 이론이 아니라, 그가 직접 실천하고 증명해 보인 살아있는 지혜입니다. 그의 이러한 접근방식은 오늘날 우리가 직면한 다양한 갈등 상황에서도 유용한 지침이 될 수 있습니다.

마틴 루터 킹 주니어

> "우리는 원수를 이길 것입니다.
> 그들을 물리치는 것이 아니라 친구로 만듦으로써."

킹 목사의 말은 그의 비폭력 저항 철학의 핵심을 보여줍니다. 그는 인종 갈등이라는 거대한 사회적 문제 앞에서 증오가 아닌 사랑으로 대응할 것을 주장했습니다.

몽고메리 버스 보이콧 사건

1955년, 로자 파크스가 버스에서 백인에게 자리를 양보하기를 거부한 사건이 발생했습니다. 이때 킹 목사는 381일간의 평화적 버스 보이콧 운동을 이끌었습니다. 특히 인상적인 것은, 보이콧 기간 동안 그가 운동가들에게 강조했던 말입니다. "우리의 목적은 백인들을 굴욕스럽게 하거나 패배시키는 것이 아닙니다. 우리는 정의를 실현하고자 할 뿐입니다. 우리의 적은 백인이 아니라 불의입니다."

버밍엄 감옥에서의 편지

1963년 버밍엄 감옥에 수감되었을 때, 킹 목사는 유명한 '버밍엄 감옥에서의 편지'를 작성했습니다. 이 편지에서 그는 온건한 백인들의 무관심이 극단적인 인종차별주의자들의 폭력보다 더 큰 장애물이라고 지적했습니다. 하지만 그는 이렇게 덧붙였습니다. "우리는 그들을 비난하는 것이 아니라, 이해시키려 노력해야 합니다. 분노가 아닌 이해가 변화를 만듭니다."

집 폭파 사건의 대응

1956년 1월, 인종차별주의자들이 킹 목사의 집에 폭탄을 던졌을 때, 분노한 군중들이 보복을 하려고 모여들었습니다. 이때 킹 목사는 현관에 서서 이렇게 말했습니다. "폭력을 멈추십시오. 우리는 그리스도의 가르침을 실천해야 합니다. 우리는 이웃을 사랑해야 합니다. 이것이 우리가 따라야 할 길입니다." 이 순간적인 대응은 폭력의 악순환을 막은 결정적인 순간이 되었습니다.

워싱턴 행진에서의 연설

1963년 워싱턴 행진에서 한 유명한 'I Have a Dream' 연설에서, 킹 목사는 놀라운 비전을 제시했습니다. "나는 언젠가 우리의 자녀들이 피부색이 아닌 인격으로 평가받는 나라에서 살게 되기를 꿈꿉니다."

이 연설에서 주목할 점은 그가 백인들을 적으로 규정하지 않고, 오히려 함께 꿈을 이루어갈 동반자로 보았다는 것입니다.

갈등 해결의 구체적 방법론

마틴 루터 킹 목사는 비폭력 저항의 여섯 가지 원칙을 통해 갈등 해결의 구체적인 방법을 제시했습니다.

먼저, 킹 목사는 비폭력이 결코 겁쟁이의 선택이 아님을 강조했습니다. 오히려 이는 적극적인 저항의 한 형태이며, 큰 도덕적 용기가 필요한 선택이라고 설명했습니다. 그는 비폭력이야말로 가장 강력한 저항의 형태라고 믿었습니다.

두 번째로, 그는 적의 패배가 아닌 이해와 화해를 추구해야 한다고 가르쳤습니다. 승리 자체가 목적이 아니라 정의를 실현하는 것이 진정한 목표이며, 궁극적으로는 적을 친구로 만드는 것이 우리의 사명이라고 말했습니다.

세 번째 원칙은 악한 행위와 행위자를 구분하는 것입니다. 불의한 제도나 행위에는 저항하되, 그 행위를 하는 사람 자체를 미워해서는 안 된다고 했습니다. 시스템의 변화를 추구하되, 그 안의 개인들은 변화 가능한 존재로 보아야 한다는 것입니다.

네 번째로, 킹 목사는 고통을 기꺼이 감수할 줄 알아야 한다고 했습니다. 보복 대신 고통을 감수함으로써 오히려 도덕적 우위를 점하고, 이를 통해 더 큰 변화를 이끌어낼 수 있다고 보았습니다.

 다섯 번째 원칙은 물리적 폭력뿐만 아니라 영혼의 폭력도 거부하는 것입니다. 말과 행동에서 폭력을 배제하는 것은 물론, 마음속의 증오와 원한까지도 거부해야 한다고 가르쳤습니다.

 마지막으로, 킹 목사는 우주가 정의의 편에 있다는 믿음을 강조했습니다. 궁극적으로 도덕적 질서는 승리한다는 확신을 가져야 하며, 정의로운 목적은 결국 달성된다는 신념을 잃지 말아야 한다고 했습니다.

 이러한 원칙들은 단순한 이론이 아니라, 킹 목사가 시민권 운동 과정에서 직접 실천하고 증명해 보인 실천적 지혜였습니다. 그의 이러한 방법론은 오늘날에도 여전히 유효한 갈등 해결의 지침이 되고 있습니다.

교육을 통한 갈등 해결

 킹 목사는 갈등 해결에 있어 교육의 중요성을 특별히 강조했습니다. 그는 워크숍과 세미나를 통해 비폭력 저항의 원칙과 방법을 체계적으로 가르쳤는데, 특히 젊은 활동가들을 위한 교육에 많은 시간을 할애했습니다.

 교육 과정에서 킹 목사는 실천적인 지침들을 구체적

으로 제시했습니다. 그는 활동가들에게 모욕적인 언어를 절대 사용하지 말 것을 강조했으며, 어떠한 상황에서도 친절과 예의를 지킬 것을 가르쳤습니다. 특히 그는 "우리의 언어가 곧 우리의 정신을 보여준다"며, 평화로운 언어 사용의 중요성을 강조했습니다.

더불어 킹 목사는 상대방의 입장을 이해하려 노력하는 것이 갈등 해결의 핵심이라고 가르쳤습니다. 그는 활동가들과 함께 역할극을 하면서, 반대편의 입장이 되어보는 훈련을 자주 진행했습니다. "적의 입장이 되어보면, 우리는 그들도 우리처럼 두려움과 희망을 가진 인간이라는 것을 이해하게 됩니다"라는 그의 말은 깊은 통찰을 보여줍니다.

폭력 유발 상황을 피하는 방법에 대해서도 실질적인 교육을 실시했습니다. 그는 시위 현장에서 발생할 수 있는 다양한 상황을 미리 시뮬레이션하고, 각 상황에서 어떻게 평화적으로 대응할 수 있는지를 훈련했습니다. 이러한 준비는 실제 시위 현장에서 폭력 사태를 막는 데 큰 도움이 되었습니다.

마지막으로, 킹 목사는 건설적인 대화의 기술을 가르치는 데 많은 시간을 투자했습니다. 그는 '대화는 다리를 놓는 것과 같다'며, 서로 다른 의견을 가진 사람들 사이에서 어떻게 효과적으로 소통할 수 있는지를 실질적으로 교육했습니다. 이러한 교육은 시민권 운동이 평화적으로 진행되는 데 큰 역할을 했습니다.

달라이 라마

> **"대화가 모든 갈등 해결의 기초다."**

달라이 라마의 말은 단순한 구호가 아닌, 그의 실천적 철학을 보여줍니다. 티베트와 중국의 오랜 갈등 속에서도 그는 늘 대화와 중도의 길을 강조해왔습니다.

망명 생활 속의 지혜

1959년, 달라이 라마가 티베트를 떠나 인도로 망명했을 때의 일화가 있습니다. 많은 추종자들이 중국에 대한 무력 투쟁을 주장했지만, 그는 "폭력은 또 다른 폭력을 낳을 뿐"이라며, '중도와 대화의 길'을 선택했습니다. 특히 인상적인 것은 그가 자주 말했던 구절입니다. "나의 적들은 나의 최고의 스승이다. 그들이 나에게 인내와 연민을 가르쳐주기 때문이다."

유머로 승화시키는 갈등

달라이 라마의 특별한 점은 심각한 갈등 상황에서도

유머를 잃지 않는다는 것입니다. 한번은 기자가 "중국의 압제에 화가 나지 않으십니까?"라고 물었을 때, 그는 웃으며 대답했습니다. "그렇다면 내가 두 번 고통받는 것이 되지 않겠습니까? 한 번은 그들의 행동으로, 또 한 번은 내 분노로 인해서요."

실제적인 갈등 해결 방식

달라이 라마는 갈등 해결을 위한 실제적인 방법으로 세 가지 핵심적인 접근 방식을 제시했습니다.

우선, 내면의 평화를 찾는 것을 강조했습니다. 그는 매일 명상을 통해 마음의 안정을 찾고, 분노를 다스리는 연습을 해야 한다고 가르쳤습니다. 특히 상황을 다양한 각도에서 바라보는 훈련이 중요하다고 했습니다. 이는 마치 산을 오를 때 여러 방향에서 정상을 바라보는 것처럼, 갈등 상황도 다양한 관점에서 이해해야 한다는 것입니다.

두 번째로, 적극적 경청의 실천을 강조했습니다. 달라이 라마는 진정한 대화는 상대방의 이야기를 끝까지 경청하는 것에서 시작된다고 보았습니다. 이때 중요한 것은 상대방의 말을 판단하지 않고 있는 그대로 듣는 것입니다. 또한 단순히 듣기만 하는 것이 아니라, 적절한 질문을 통해 더 깊은 이해를 추구해야 한다고 가르쳤습니다. 그는 "이해하기 위해 듣고, 대답하기 위해 듣지 말라"고 자주 말했습니다.

마지막으로, 연민의 마음을 키우는 것을 강조했습니다. 이는 특히 적대적인 사람을 대할 때 더욱 중요합니다. 달라이 라마는 갈등 관계에 있는 상대방도 자신처럼 행복을 원하고 고통을 피하고 싶어 하는 인간이라는 점을 이해해야 한다고 했습니다. 그는 상대방의 고통과 어려움을 이해하고, 그 속에서 공통된 인간성을 발견하는 것이 진정한 갈등 해결의 열쇠라고 보았습니다. 이것은 단순한 동정이 아닌, 깊은 이해와 공감에 기반한 연민을 의미합니다.

이러한 접근 방식들은 서로 긴밀하게 연결되어 있으며, 하나의 통합된 실천 체계를 이룹니다. 내면의 평화를 통해 우리는 더 잘 경청할 수 있게 되고, 경청을 통해 연민의 마음이 자라나며, 연민의 마음은 다시 내면의 평화를 강화한다는 것이 달라이 라마의 가르침입니다.

중국과의 갈등에서 보여준 지혜

티베트와 중국의 갈등 상황에서, 달라이 라마는 매우 독특하고 지혜로운 접근방식을 보여주었습니다. 그는 중국 정부를 강하게 비난하거나 적대시하는 대신, 더 실용적이고 건설적인 해결책을 모색했습니다. 특히 그는 티베트의 완전한 독립이 아닌 진정한 자치를 요구하면서, 현실적이고 타협 가능한 방안을 제시했습니다.

달라이 라마는 중국인들과 티베트인들의 상호 이해 증진에도 많은 노력을 기울였습니다. 그는 자주 "우리는 이웃으로 살아갈 수밖에 없다"며, 두 민족 간의 평화로운 공존의 중요성을 강조했습니다. 망명 생활 중에도 그는 중국 불교 신자들과 지속적으로 교류했으며, 중국의 일반 시민들에게도 우호적인 메시지를 보내려 노력했습니다.

더불어 달라이 라마는 티베트의 문화적 정체성 보존과 경제적 발전 사이의 균형을 찾고자 했습니다. 그는 "현대화와 전통의 조화는 가능하다"며, 티베트가 중국의 경제 발전에 참여하면서도 자신들의 고유한 문화와 종교를 지켜나갈 수 있는 방안을 제시했습니다. 이러한 그의 중도적 접근은 국제 사회로부터 많은 지지를 받았으며, 갈등 해결의 새로운 모델로 주목받았습니다.

특히 인상적인 것은 달라이 라마가 중국 지도부에 대해 개인적인 적대감을 표현하지 않으려 노력했다는 점입니다. 그는 "정책과 사람을 분리해서 봐야 한다"며, 정치적 갈등이 개인적 증오로 발전되는 것을 경계했습니다. 이러한 그의 태도는 향후 대화의 가능성을 열어두는 지혜로운 선택이었습니다.

개인적 갈등 해결의 예

달라이 라마가 보여준 개인적 갈등 해결의 지혜는 여

러 일화를 통해 잘 드러납니다. 특히 인상적인 것은 한 티베트 청년과의 만남이었습니다. 이 청년이 달라이 라마를 찾아와 중국인에 대한 깊은 증오심을 토로했을 때, 그는 매우 독특한 방식으로 대응했습니다. "증오는 두 개의 칼날을 가진 검과 같습니다. 상대를 해치려다 자신도 다치게 됩니다. 대신 그들이 왜 그렇게 행동하는지 이해하려 노력하세요. 이해가 깊어지면 분노는 저절로 줄어들 것입니다"라고 조언했습니다.

또 다른 중요한 사례는 망명 생활 중 겪은 개인적 갈등에 대한 그의 대처방식입니다. 한번은 서방 언론인이 그의 망명 생활이 얼마나 힘든지, 중국 정부에 대해 어떤 감정을 가지고 있는지 물었을 때였습니다. 달라이 라마는 웃으면서 "매 순간이 새로운 배움의 기회입니다. 어려운 상황은 우리를 더 강하게 만들고, 더 깊은 지혜를 갖게 합니다"라고 대답했습니다. 이는 개인적 고난을 성장의 기회로 전환시키는 그의 특별한 능력을 보여줍니다.

특히 주목할 만한 것은 그가 개인적으로 받은 비판이나 오해를 다루는 방식입니다. 한 중국 학자가 그를 '분리주의자'라고 공개적으로 비난했을 때, 달라이 라마는 오히려 그 학자를 직접 만나고 싶다는 의사를 전했습니다. "서로 얼굴을 마주보고 이야기를 나누면, 많은 오해가 자연스럽게 풀릴 수 있습니다"라는 것이 그의 신념이었습니다.

달라이 라마는 또한 일상적인 갈등 상황에서도 독특한 접근법을 보여줬습니다. 예를 들어, 그의 일정을 관리하는 비서진과의 의견 충돌이 있을 때도, 그는 항상 유머러스하게 상황을 풀어갔습니다. "당신 말이 맞습니다. 하지만 제 생각도 한번 들어보시겠어요?"라며 웃으면서 대화를 이어가는 방식이었습니다.

이러한 그의 갈등 해결 방식의 핵심에는 '공감'과 '이해'가 있습니다. 한번은 수행원들 사이에 심각한 갈등이 발생했을 때, 달라이 라마는 양측의 이야기를 충분히 듣고 난 후, "우리 모두는 행복해지기를 원합니다. 단지 그 방법을 다르게 생각할 뿐이죠"라며 상황을 화해로 이끌었습니다.

현대 사회에 주는 메시지

달라이 라마는 현대 사회의 갈등에 대해 다음과 같은 통찰을 제시합니다.

첫째로, 그는 상호의존성에 대한 인식이 매우 중요하다고 보았습니다. 현대 사회에서 모든 것이 서로 연결되어 있으며, 한 개인의 행복이 다른 이들의 행복과 밀접하게 연관되어 있다는 점을 강조했습니다. 그는 갈등을 개별적인 사건으로 보는 것이 아니라, 더 큰 맥락에서 전체적인 관점으로 바라보아야 한다고 가르쳤습니다. 마치 거미줄처럼 서로 연결된 우리의 관계를 이해할 때,

갈등에 대한 더 깊은 통찰을 얻을 수 있다고 보았습니다.

둘째로, 달라이 라마는 내적 평화의 중요성을 강조했습니다. 개인의 내면에서 시작되는 평화가 사회 전체의 평화를 위한 기초가 된다고 보았습니다. 그는 마음의 평정을 통해 갈등을 더 지혜롭게 다룰 수 있으며, 감정적인 반응 대신 깊은 이해에 기반한 대응이 가능하다고 설명했습니다. 이는 마치 잔잔한 호수의 표면이 사물을 더 선명하게 비추는 것처럼, 평온한 마음이 갈등 상황을 더 명확하게 볼 수 있게 한다는 것입니다.

마지막으로, 그는 대화의 힘을 강조했습니다. 진정한 대화는 단순한 말의 교환이 아니라 서로에 대한 이해를 깊게 만드는 과정이라고 보았습니다. 비난하고 판단하는 대신 이해하려 노력하고, 차이점보다는 공통점을 찾는 데 집중해야 한다고 가르쳤습니다. 그는 "가장 어려운 대화일수록 가장 필요한 대화"라고 자주 말했으며, 대화를 통해 서로의 인간성을 발견할 때 진정한 해결책을 찾을 수 있다고 믿었습니다.

알베르트 아인슈타인

> "평화는 폭력으로 유지될 수 없다.
> 오직 이해를 통해서만 이룰 수 있다."

아인슈타인의 말은 단순한 물리학자가 아닌, 평화주의자로서의 그의 신념을 보여줍니다. 과학자로서의 그의 통찰은 인류의 갈등 해결에 대한 깊은 이해로 이어졌습니다.

과학 발전과 윤리적 책임

아인슈타인의 과학 발전과 윤리적 책임에 대한 생각은 특히 맨해튼 프로젝트를 통해 깊이 있게 발전했습니다.

1939년, 아인슈타인은 루즈벨트 대통령에게 매우 중요한 편지를 보냈습니다. 이 편지에서 그는 나치 독일이 핵무기를 개발할 가능성에 대해 깊은 우려를 표명했습니다. 과학자로서 핵분열의 파괴적 잠재력을 잘 알고 있었기에, 미국이 이에 대응하여 핵무기를 개발해야 한다고 제안했습니다. 이 순간은 과학자로서 그가 가진 지식이 인류의 운명에 직접적인 영향을 미칠 수 있다는 것을 절실히 깨달은 시점이었습니다.

하지만 1945년 이후, 그의 생각은 크게 바뀌었습니다. 히로시마와 나가사키에 원자폭탄이 투하된 후, 아인슈타인은 깊은 자책감에 빠졌습니다. 그는 "내가 원자폭탄의 가능성을 알았다면, 차라리 시계수리공이 되었을 것"이라고 고백했습니다. 이는 단순한 후회의 표현이 아니라, 과학자가 가져야 할 윤리적 책임에 대한 깊은 성찰을 보여줍니다.

이러한 경험을 통해 아인슈타인은 과학 발전이 인류에게 가져올 수 있는 양면성을 깊이 이해하게 되었습니다. 과학은 인류의 삶을 풍요롭게 만들 수 있지만, 동시에 엄청난 파괴력을 가질 수 있다는 것을 직접 목격한 것입니다. 이후 그는 남은 생애 동안 평화 운동에 적극적으로 참여하며, 과학자들이 자신의 연구가 가져올 수 있는 결과에 대해 더 깊이 고민해야 한다고 강조했습니다.

러셀-아인슈타인 선언

러셀-아인슈타인 선언은 1955년, 아인슈타인이 생을 마감하기 직전 버트런드 러셀과 함께 발표한 그의 마지막 공식 행동이었습니다. 이 선언은 그의 평화에 대한 열망과 과학자로서의 책임의식이 잘 드러난 중요한 문서입니다.

이 선언에서 아인슈타인은 먼저 핵무기가 가진 끔찍한 위험성에 대해 경고했습니다. 그는 핵무기가 단순한 무기가 아니라 인류의 존속 자체를 위협할 수 있는 파괴적 도구라고 지적했습니다. 특히 그는 과학자들이 이 위험성을 가장 잘 이해하고 있는 만큼, 이에 대해 목소리를 내야 할 책임이 있다고 강조했습니다.

또한 이 선언을 통해 아인슈타인은 국제적 갈등을 해결하는 데 있어 평화적 방법의 중요성을 역설했습니다. 그는 전쟁이나 폭력이 아닌, 대화와 협력을 통한 문제 해결을 촉구했습니다. 이는 당시 냉전 시대의 긴장 상황 속에서 매우 의미 있는 메시지였습니다.

마지막으로, 이 선언에서 그는 과학자들의 윤리적 책임을 특별히 강조했습니다. 과학적 발견이 어떻게 사용될 것인지에 대해 과학자들이 더 깊이 고민하고 책임져야 한다는 것입니다. 그는 과학자들이 자신의 연구가 인류에게 미칠 영향을 항상 생각하며, 필요할 때는 목소리를 내야 한다고 주장했습니다.

이 선언은 아인슈타인의 과학자로서의 삶과 평화주의자로서의 신념이 마지막으로 조화롭게 표현된 문서였으며, 오늘날까지도 과학 기술의 발전과 인류의 평화에 대해 깊이 생각하게 만드는 중요한 유산으로 남아있습니다.

갈등에 대한 아인슈타인의 통찰

아인슈타인은 갈등에 대해 세 가지 중요한 통찰을 남겼습니다.

우선, 그는 민족주의에 대해 깊은 우려를 표명했습니다. 아인슈타인은 극단적 민족주의를 '인류의 홍역'이라고 표현했습니다. 그는 "민족주의는 마치 어린아이의 홍역과 같습니다. 인류의 질병이죠. 하지만 우리는 이를 극복할 수 있습니다"라고 말하며, 민족주의가 일시적인 병일 뿐 인류는 이를 극복할 수 있다는 희망적인 메시지를 전했습니다.

두 번째로, 아인슈타인은 갈등 해결에 있어 교육의 중요성을 강조했습니다. 그는 교육이 편견을 깨는 가장 강력한 무기가 될 수 있다고 보았습니다. 하지만 동시에 교육이 잘못 이용되면 오히려 편견을 강화할 수도 있다고 경고했습니다. 그래서 그는 "우리는 매우 조심해야 합니다"라고 당부했습니다. 교육이 어떤 방향으로 이루어지느냐에 따라 갈등을 해결할 수도, 악화시킬 수도 있다는 것입니다.

마지막으로, 아인슈타인은 과학과 인문학의 조화를 강조했습니다. 그는 "과학이 없는 종교는 맹목적이며, 종교가 없는 과학은 불완전합니다. 둘 다 필요합니다"라고 말하며, 인간의 지적 활동과 정신적 가치가 균형을 이루어야 한다고 보았습니다. 이는 갈등 해결에 있어서도 논리적 접근과 인문학적 이해가 모두 필요하다는 것을 의미합니다.

이러한 아인슈타인의 통찰들은 과학자이자 인문주의자로서 그가 가진 독특한 관점을 잘 보여주며, 오늘날의 갈등 해결에도 중요한 시사점을 제공합니다.

개인적 갈등 해결 사례

아인슈타인의 개인적 갈등 해결 사례는 그의 학문적 논쟁과 사회적 차별에 대한 대응에서 잘 드러납니다.

먼저, 양자역학을 둘러싼 닐스 보어와의 유명한 논쟁은 학문적 갈등 해결의 모범을 보여줍니다. 아인슈타인과 보어는 양자역학의 해석을 두고 근본적인 의견 차이를 보였습니다. 특히 1927년 솔베이 회의에서 두 사람은 격렬한 토론을 벌였는데, 아인슈타인은 이 논쟁을 "우리의 논쟁은 진리를 향한 공동의 탐구입니다. 서로를 이기는 것이 아니라, 함께 배우는 것이 목적입니다"라고 정의했습니다. 실제로 두 사람은 끝까지 학문적 견해 차이를 좁히지 못했지만, 서로에 대한 깊은 존중과 우정은 계속 유지했습니다. 매일 아침 토론을 하면서도 점심에는 함께 식사를 하고 산책을 즐겼다고 합니다.

두 번째로, 나치의 반유대주의에 대한 아인슈타인의 대응은 더욱 인상적입니다. 1933년 나치가 집권하면서 아인슈타인은 독일을 떠나야 했고, 그의 많은 저작들이 불태워졌습니다. 하지만 그는 증오로 대응하지 않았습니다. "증오는 결코 증오로 극복될 수 없습니다. 오직 사랑만이 증오를 녹일 수 있습니다"라는 그의 말은 깊은 통찰을 보여줍니다. 특히 주목할 만한 것은, 전쟁이 끝난 후 독일 학생들이 그에게 편지를 보냈을 때의 반응입니다. 아인슈타인은 따뜻한 답장을 보내며 "과거의 잘못은 새로운 세대의 책임이 아니다"라고 말했습니다.

또한 아인슈타인은 학계 내의 개인적 갈등도 지혜롭게 다루었습니다. 예를 들어, 그의 상대성 이론을 비판하는 동료 과학자들과의 관계에서도 그는 항상 품위를 잃지 않았습니다. 한번은 100명의 과학자가 그의 이론을 반박하는 책을 출판했을 때, 아인슈타인은 "만약 내가 틀렸다면, 한 명의 과학자만으로도 충분했을 것입니다"라고 유머러스하게 대응했습니다.

프린스턴 시절에는 젊은 연구자들과의 갈등도 현명하게 해결했습니다. 자신의 견해와 다른 의견을 제시하는 젊은 과학자들을 만날 때마다, 그는 "당신의 비판은 내가 미처 생각하지 못한 새로운 관점을 제시해주었습니다"라며 그들의 의견을 존중했습니다. 이러한 태도는 많은 젊은 과학자들에게 영감을 주었고, 건설적인 학문적 토론 문화를 만드는 데 기여했습니다.

이처럼 아인슈타인의 개인적 갈등 해결 사례들은 학문적 논쟁에서부터 심각한 차별과 박해에 이르기까지 다양한 상황에서 그가 보여준 지혜로운 대응을 보여줌니다. 그의 이러한 접근방식은 오늘날 우리가 개인적 갈등을 다루는 데 있어 중요한 교훈을 제공합니다.

현대 사회에 주는 메시지

첫째로, 아인슈타인은 과학 기술의 양면성에 대해 깊이 있는 통찰을 제공했습니다. 그는 과학 발전이 인류에게 가져다주는 혜택과 위험성을 동시에 인식해야 한다고 강조했습니다. 특히 핵무기 개발 과정에서의 경험을 통해, 과학자들이 자신의 연구가 가져올 수 있는 결과에 대해 윤리적 책임을 가져야 한다고 주장했습니다. 그는 "과학적 발견은 칼과 같아서, 사용하는 사람의 의도에 따라 생명을 살리는 도구가 될 수도, 해치는 무기가 될 수도 있다"고 말했습니다.

둘째로, 그는 갈등 해결에 있어 구체적인 방법론을 제시했습니다. 대화와 이해의 중요성을 강조하면서, 폭력적 해결책의 한계를 지적했습니다. 특히 그는 단기적인 해결책보다는 장기적 관점에서의 해결을 모색해야 한다고 보았습니다. 예를 들어, 국제 분쟁을 다룰 때도 "승자와 패자를 가르는 것이 아니라, 모두가 승자가 될 수 있는 해결책을 찾아야 한다"고 주장했습니다.

마지막으로, 아인슈타인은 지식인의 사회적 책임에 대해 강조했습니다. 전문가들은 자신의 전문 영역에만 머물러서는 안 되며, 사회 문제에 적극적으로 참여해야 한다고 보았습니다. 그는 자신의 지식을 올바르게 활용하여 사회 발전에 기여해야 한다고 믿었습니다. "지식이 있는 자는 그것을 인류의 이익을 위해 사용할 의무가 있다"는 그의 말은 오늘날에도 큰 울림을 주고 있습니다. 특히 현대 사회의 복잡한 문제들을 해결하는 데 있어, 전문가들의 책임 있는 참여가 더욱 중요해지고 있다고 강조했습니다.

이러한 아인슈타인의 메시지들은 과학 기술이 급속도로 발전하고 있는 현대 사회에서 더욱 중요한 의미를 가집니다. 그의 통찰은 우리가 직면한 다양한 문제들을 해결하는 데 있어 중요한 지침이 되고 있습니다.

아인슈타인의 평화 철학 핵심 원칙

첫째로, 아인슈타인은 이성적 접근의 중요성을 강조했습니다. 그는 갈등 상황에서 감정적으로 대응하기보다는 논리적 분석을 통한 해결을 추구해야 한다고 보았습니다. 과학적 사고방식을 활용하여 문제의 본질을 파악하고, 객관적인 해결책을 찾아야 한다고 주장했습니다. 예를 들어, 국제 분쟁을 다룰 때도 "감정에 휘둘리지 말고, 문제의 근본 원인을 찾아 해결해야 한다"고 강조했습니다.

둘째로, 그는 인류애의 중요성을 강조했습니다. 아인슈타인은 국가와 민족의 경계를 넘어선 보편적 인류애를 추구해야 한다고 보았습니다. 특히 그는 "우리는 모두 같은 하늘 아래 사는 한 가족"이라는 관점을 가져야 한다고 강조했습니다. 이는 단순한 이상주의가 아니라, 평화로운 공존을 위한 실천적 철학이었습니다. 그는 자신이 겪은 전쟁과 박해의 경험을 통해, 민족이나 국가의 경계를 넘어선 인류 전체의 평화와 발전을 생각해야 한다고 믿었습니다.

마지막으로, 아인슈타인은 예방적 접근의 중요성을 강조했습니다. 그는 갈등이 발생한 후의 해결보다, 갈등의 근본 원인을 미리 파악하고 예방하는 것이 더 중요하다고 보았습니다. 이를 위해 갈등의 근본 원인을 깊이 있게 탐구하고, 장기적인 해결책을 모색해야 한다고 주장했습니다. "평화는 전쟁의 부재가 아니라, 정의의 현존"이라는 그의 말은 이러한 예방적 접근의 중요성을 잘 보여줍니다. 그는 사회의 구조적 불의를 해결하지 않은 채 표면적인 평화만을 추구하는 것은 진정한 해결책이 될 수 없다고 보았습니다.

이러한 아인슈타인의 평화 철학 원칙들은 서로 긴밀하게 연결되어 있으며, 현대 사회의 갈등 해결에도 중요한 통찰을 제공합니다. 그의 철학은 단순한 이론이 아니라, 자신의 삶을 통해 실천하고 증명하려 했던 살아있는 지혜였습니다.

엘리너 루즈벨트

> "아무도 당신의 동의 없이는 당신에게 열등감을 주지 못한다."

엘리너 루즈벨트의 말은 갈등의 많은 부분이 우리 내면에서 시작된다는 그녀의 깊은 통찰을 보여줍니다. 미국 영부인으로서 수많은 정치적, 사회적 갈등 상황을 경험했던 그녀는, 갈등을 두려워하거나 회피하지 않고 정면으로 마주하면서도 지혜롭게 대처하는 방법을 보여주었습니다. 그녀는 종종 "갈등은 성장의 기회"라고 말하며, 갈등 상황을 부정적으로만 보는 것이 아니라 새로운 가능성을 발견하는 기회로 삼았습니다. 특히 그녀는 갈등이 발생했을 때 상대방을 적으로 규정짓지 않고, 함께 해결책을 찾아갈 수 있는 동반자로 보는 시각을 강조했습니다. "우리가 서로를 이해하려 노력할 때, 가장 어려운 갈등도 해결될 수 있다"는 그녀의 말은 갈등 해결에 대한 그녀의 기본 철학을 잘 보여줍니다.

차별과 적대감에 대한 대응

인종 차별과 여성 차별에 맞서 싸우는 과정에서 많은 적대감과 비난에 직면했지만, 그녀는 이를 의연히 다루었습니다. 큐클럭스클랜(KKK)의 암살 위협 앞에서도 "그들의 증오가 나의 행동을 결정하게 하지는 않을 것"이라며 굳건한 태도를 보였습니다. 실제로 그녀는 위협을 받은 다음 날에도 예정된 인권 집회에 참석했으며, 오히려 더 적극적으로 차별 철폐를 위해 목소리를 높였습니다. 한번은 남부의 한 마을에서 인종 차별에 반대하는 연설을 하던 중 폭력적인 위협을 받았을 때, 그녀는 "폭력으로 위협하는 것은 당신들의 논리가 약하다는 것을 보여줄 뿐"이라며 침착하게 대응했습니다. 이러한 그녀의 용기 있는 대응은 많은 사람들에게 영감을 주었고, 시민권 운동의 중요한 전환점이 되었습니다.

정치적 갈등 해결의 지혜

정치 현장에서 그녀는 독특한 갈등 해결 방식을 보여주었습니다. 공개적인 모욕에도 침착하게 미소 지으며 "당신의 의견은 당신의 것이에요. 하지만 그것이 나의 가치를 결정하지는 못합니다"라고 대응했던 일화는, 갈등 상황에서 자존감을 지키면서도 상황을 악화시키지 않는 지혜를 보여줍니다. 1940년대 초반, 그녀가 주도한 사회 복지 정책에 대해 강한 반대가 있었을 때도, 그녀는 반대파 의원들을 직접 찾아가 대화를 시도했습니다. 그녀는 각 의원의 지역구가 직면한 문제들을 꼼꼼히 조사하고, 그들의 우려사항을 경청한 후, 함께 해결책을 모색하는 방식을 택했습니다. 이러한 접근은 많은 반대파 의원들의 마음을 움직였고, 결국 정책 통과에 성공할 수 있었습니다.

언론과의 관계 설정

보수 언론의 신랄한 비판에 대해서도 그녀는 독특한 접근을 했습니다. 비판적인 언론을 오히려 기자회견에 초대하며 "우리의 차이점을 이해하는 것이 서로를 미워하는 것보다 낫다"는 신념을 실천했습니다. 특히 그녀는 매주 여성 기자들만을 위한 기자회견을 열어, 당시 차별받던 여성 기자들에게 특별한 기회를 제공했습니다. 이는 언론과의 갈등을 해결하는 동시에 여성의 권리 신장에도 기여하는 창의적인 방법이었습니다. 또한 그녀는 자신을 비판하는 기사에 대해서도 직접 답장을 보내며 대화를 시도했고, 종종 비판적인 기자들을 백악관 티파티에 초대하여 허심탄회한 대화를 나누었습니다. 이러한 그녀의 개방적이고 포용적인 태도는 언론과의 관계를 크게 개선시켰습니다.

인종 차별 문제에 대한 창의적 해결

1939년 매리안 앤더슨 사건에서 보여준 그녀의 대응은 특히 인상적이었습니다. 인종차별로 헌법기념관에서 공연하지 못하게 된 상황을 링컨 기념관 공연으로 해결하면서, "때로는 갈등을 피하는 것이 아니라, 더 창의적인 해결책을 찾는 것이 필요하다"는 교훈을 남겼습니다. 이 사건은 단순한 공연장 변경 이상의 의미를 가졌습니다. 7만 5천 명의 청중이 모인 이 공연은 미국 인종차별 역사의 중요한 전환점이 되었고, 이후 시민권 운동의 상징적인 사건으로 기억되고 있습니다. 엘리너는 이 사건을 통해 갈등 상황을 오히려 사회 변화의 기회로 전환시키는 탁월한 리더십을 보여주었습니다. 그녀는 이후에도 인종 차별적인 법규나 관행에 대해 창의적인 해결책을 모색했으며, 특히 교육과 문화 영역에서의 통합을 적극적으로 추진했습니다.

개인적 갈등의 승화

프랭클린 루즈벨트와의 결혼 생활에서 겪은 어려움을 다룰 때도, 그녀는 분노나 원망 대신 자기 성장의 기회로 삼았습니다. "모든 위기는 우리를 더 강하게 만드는 기회"라는 그녀의 철학은 개인적 갈등을 다루는 지혜로운 방식을 보여줍니다. 특히 남편의 외도를 알게 되었을 때, 그녀는 이혼이나 공개적 비난 대신 자신의 독립적인 정체성을 확립하는 계기로 삼았습니다. 그녀는 이 시기에 더욱 적극적으로 사회 활동에 참여하기 시작했고, 자신만의 칼럼을 쓰기 시작했습니다. 또한 그녀는 이 경험을 통해 다른 여성들의 고민을 더 깊이 이해하게 되었다고 말했습니다. 이러한 그녀의 태도는 개인적 아픔을 사회적 공감과 연대로 승화시킨 훌륭한 사례가 되었습니다.

현대 사회에 주는 교훈

엘리너 루즈벨트의 갈등 해결 방식은 현대 사회에도 중요한 시사점을 제공합니다. "매일 당신을 두렵게 하는 한 가지를 하라"는 그녀의 조언은, 갈등을 회피하지 않고 적극적으로 마주하면서도 지혜롭게 해결하는 방법을 제시합니다. 자존감과 품위를 잃지 않으면서도 창의적인 해결책을 찾는 그녀의 접근법은, 오늘날의 복잡한 갈등 상황에서도 훌륭한 지침이 될 수 있습니다. 특히 소셜 미디어 시대의 갈등 해결에도 그녀의 지혜는 유효합니다. 그녀가 보여준 '경청하는 태도', '창의적 해결책 모색', '품위 있는 대응' 등은 현대의 온라인 갈등 상황에서도 중요한 시사점을 제공합니다. 또한 그녀의 "작은 사람들의 목소리에 귀 기울이라"는 조언은 오늘날 다양성과 포용성이 강조되는 시대에 더욱 의미 있게 다가옵니다.

3부

갈등 이론

코저의 갈등기능론

갈등 정말 나쁜 것일까?

"또 싸웠어요." 친구가 한숨을 쉬며 말했습니다. 연인과의 갈등, 직장 동료와의 마찰, 부모님과의 의견 충돌... 우리는 이런 상황을 마주할 때마다 갈등만 없었더라면 좋겠다고 생각합니다. 하지만 갈등이 정말로 우리 삶에 해로운 것일까요? 사회학자 루이스 코저는 이 질문에 "아니오"라고 대답했습니다. 코저는 갈등을 어떻게 바라보았을까요?

1950년대, 대부분의 사람들이 갈등을 피해야 할 대상으로 여길 때, 코저는 전혀 다른 시각을 제시했습니다. 그는 어린 시절 유대인으로서 겪은 차별과 갈등, 그리고 그 속에서 더욱 단단해진 가족의 유대를 보며 갈등에는 우리가 몰랐던 다른 면이 있다는 것을 깨달았습니다.

코저가 주목한 것은 위기 상황에서 오히려 더 끈끈해지는 인간관계였습니다. 예를 들어, 회사가 어려움에 처했을 때 직원들이 더 단합하는 모습, 가족 중 누군가가 큰 문제에 부딪혔을 때 서로 돕기 위해 뭉치는 모습 등이죠.

> "IMF 때가 기억나요. 회사가 무너질 것 같았죠. 그때 직원들이 자발적으로 급여 반납을 하고, 밤낮으로 회사를 살리기 위해 노력했어요. 지금 생각해보면 그때가 우리 회사의 터닝포인트였던 것 같아요."

'싸우면서 더 가까워진다'라는 말이 있습니다. 정말일까요? 그런데 정말로 싸우면서 더 친해졌다는 사람들이 있습니다. "싸움 이후로 오히려 서로를 더 이해하게 됐죠."라는 말을 하게 되는 것을 보면 무조건 헛된 소리는 아닙니다.

실제로 많은 부부나 연인들도 동일한 경험을 합니다. 갈등은 우리가 평소에 하지 못했던 이야기를 꺼내놓는 기회가 되기도 하고, 서로의 진심을 확인하는 계기가 되기도 합니다. 물론 이는 감정적인 폭발이 아닌, 서로를 이해하려는 노력이 전제될 때의 이야기입니다.

어떤 부부상담 전문가는 다음과 같이 말했습니다.

> "가장 위험한 부부는 전혀 싸우지 않는 부부입니다. 갈등이 없다는 것은 서로에 대한 기대를 포기했다는 뜻일 수도 있기 때문이죠. 오히려 적절한 갈등과 그것을 해결해 나가는 과정이 부부관계를 더욱 견고하게 만듭니다."

그래서 갈등을 피하는 것이 능사가 아닙니다. 갈등을 피하기 위해 자신의 감정을 숨기고 억누르는 것은 오히려 더 큰 문제를 만들 수 있습니다. 마치 압력밥솥처럼, 계속 쌓인 감정은 언젠가는 폭발하게 되어있죠.

최근 한 연구에 따르면, 갈등을 지속적으로 회피하는 사람들은 우울증과 불안장애에 걸릴 확률이 그렇지 않은 사람들보다 2배 이상 높다고 합니다. 또한 직장에서도 갈등을 회피하는 팀은 혁신적인 아이디어가 나올 확률이 현저히 낮다는 연구 결과도 있습니다.

모든 갈등이 좋은 것은 아닙니다. 코저는 갈등을 크게 두 가지로 구분했습니다. 그것은 생산적인 갈등과 소모적인 갈등입니다.

먼저 생산적인 갈등의 말을 보겠습니다.

"네 의견은 이해했어. 하지만 내 생각은 달라."
"우리 팀이 더 나아지려면 어떻게 하면 좋을까?"
"서로 다른 점을 인정하고, 해결책을 찾아보자."
"이번 일을 계기로 우리의 문제점을 찾아보자."
"네 입장이 그럴 수 있다는 걸 이제 알겠어."

다음은 소모적인 갈등의 말입니다.

> "너랑은 말이 안 통해!"
>
> "네가 문제야."
>
> "어차피 달라질 거 없어."
>
> "나는 절대 틀리지 않아."
>
> "너만 생각하지 말고 남들도 좀 생각해!"

두 가지 갈등의 대화를 보면 확실히 그 차이점이 느껴질 것입니다. 사람이 모인 곳에서는 분명 초기에 심각한 의견 충돌이 있을 수 있습니다. 하지만 생산적인 갈등을 통해 서로의 전문성을 이해하게 되며, 결과적으로 더 뛰어난 결과물을 만들어낼 수 있습니다. 결국 중요한 것은 갈등 자체가 아니라, 그것을 어떻게 다루느냐입니다. 건설적인 방향으로 이끌어 간다면, 갈등은 오히려 관계를 발전시키는 촉매제가 될 수 있다는 것입니다.

이처럼 코저는 갈등을 단순히 피해야 할 대상이 아닌, 이해하고 관리해야 할 자연스러운 사회 현상으로 바라볼 것을 제안했습니다. 그의 시각은 오늘날 우리가 갈등을 대하는 방식에 새로운 통찰을 제공합니다. 특히 현대 사회에서 더욱 복잡해지는 인간관계와 다양한 가치관의 충돌 속에서, 코저의 관점은 우리에게 갈등을 다루는 새로운 지혜를 제시합니다.

갈등이 우리를 성장시키는 방법

30년 정도 함께 산 부부가 말했습니다.

> "그때는 정말 힘들었죠. 하지만 돌이켜보면 그 갈등이 우리를 더 단단하게 만들었어요."

위기는 어떻게 기회가 될 수 있을까요? 갈등은 어떻게 우리를 성장시킬 수 있을까요? 부부싸움이 더 단단한 결혼생활을 만드는 과정이라는 것을 이해해야 합니다.

> "신혼 때는 서로 다른 생활 습관 때문에 매일 싸웠어요. 남편은 물건을 아무 데나 두고, 저는 깔끔한 걸 좋아하니까요. 하지만 계속된 갈등 속에서 우리는 중요한 걸 배웠어요. 완벽한 사람은 없다는 걸, 서로를 있는 그대로 받아들이는 게 중요하다는 걸요."

이런 과정을 '관계의 성숙화'라고 부릅니다. 깊이 있는 관계는 갈등을 피하는 것이 아니라, 갈등을 겪으면서 서로를 더 이해하게 될 때 만들어집니다.

> "처음에는 항상 이기려고만 했죠. 하지만 이제는 달라요. '우리가 함께 이 문제를 어떻게 해결할까?' 이렇게 생각하게 됐어요."

위기가 기회가 된 실제 사례는 부부 외에 기업도 있습니다. 한 스타트업 기업의 사례를 소개하고자 합니다. 창업 초기, 두 공동창업자는 회사의 방향성을 두고 심각한 갈등을 겪었습니다. 한 명은 안정적인 성장을, 다른 한 명은 과감한 도전을 주장했죠.

> "매일 밤 격렬한 토론을 했어요. 하지만 그 과정에서 우리는 서로의 관점이 모두 중요하다는 걸 깨달았죠. 결국 안정성과 도전성을 모두 갖춘 비즈니스 모델을 만들어냈고, 이게 우리 회사의 가장 큰 경쟁력이 됐어요."

갈등을 통해 서로를 더 깊이 이해하게 된 것입니다. 그래서 직장에서 멘토링 관계가 있다면 너무나 좋은 조건이 됩니다.

> "신입사원 때 제 멘토님과 자주 부딪혔어요. 저는 새로운 방식을 시도하고 싶었는데, 멘토님은 검증된 방식을 고수하셨거든요. 하지만 시간이 지나면서 깨달았죠. 멘토님의 경험에는 이유가 있었고, 제 새로운 시도에도 가치가 있었다는 걸요. 결국 우리는 서로에게 최고의 동료가 됐습니다."

성공적인 팀에는 팀워크를 강화시키는 건강한 충돌이 있습니다. '건설적인 갈등'을 두려워하지 않아야 합니다. 구글의 프로젝트 아리스토텔레스 연구[1]에 따르면, 최고 성과를 내는 팀들은 심리적 안전감이 보장된 상태에서 활발한 의견 교환과 건전한 갈등을 장려한다고 합니다.

아이의 성장에도 적절한 갈등이 필요합니다. 대부분의 부모들은 아이들이 싸울 때마다 말립니다. 하지만 아동심리 전문가는 아이들의 모든 싸움을 막지 말라고 합니다. 왜냐하면 아이들도 갈등을 통해 배우고 성장하기 때문입니다. 적절한 갈등 경험은 아이들의 사회성 발달에 중요한 요소가 됩니다. 그래서 다음과 같이 말을 하는 교사들이 있습니다.

---

[1] 구글이 2012년부터 진행한 내부 연구 프로젝트로, '어떤 팀이 뛰어난 성과를 내는가'를 분석했다. 180개 이상의 팀을 연구한 결과, 팀의 성공은 개인의 능력보다 '심리적 안전감'이 가장 중요하다는 사실을 발견했다. 심리적 안전감이란 팀원들이 자유롭게 의견을 말하고 실수를 두려워하지 않는 환경을 의미한다.

> "우리 반 아이들이 장난감을 가지고 다툴 때가 있어요. 이제는 바로 개입하지 않고 지켜봅니다. 놀랍게도 아이들은 자기들만의 방식으로 해결책을 찾아내요. 이런 경험이 쌓이면서 아이들은 더 현명해지죠."

갈등은 우리의 성장을 돕는 자연스러운 과정입니다. 중요한 것은 갈등 자체가 아니라, 그것을 통해 무엇을 배우고 어떻게 성장하느냐입니다. 갈등을 두려워하지 말고, 그 속에서 배움의 기회를 찾아보아야 합니다.

갈등을 현명하게 활용하는 법

갈등이 좋은 역할을 할 수 있다는 것에 대해서 알게 되었지만 어떻게 활용해야 할지 모르겠다고 말할 수 있습니다. 갈등을 긍정적으로 활용하는 구체적인 방법들을 살펴보겠습니다.

직장에서 마주치는 갈등, 어떻게 다룰까요? 신입사원 때 부장님과 의견이 달라 부딪힌다면 어떻게 해결을 해야 할까요? 그런 상황에서 상대방의 입장에서 먼저 생각해보고, 자신의 의견을 정리해서 차분히 말한다면 직장 생활을 바꾸는 계기가 될 수도 있습니다. 다음의 네 가지를 잘 활용하면 직장 갈등을 현명하게 다룰 수 있게 될 것입니다.

감정적 대응을 피하고 문제 중심으로 접근하기
상대의 경험과 전문성을 인정하면서 대화 시작하기
해결책을 함께 찾아가는 자세 보여주기
필요하다면 제3자의 중재 요청하기

어떤 팀은 매주 '칭찬과 제안'의 시간을 갖기도 합니다. 서로 좋은 점을 이야기하고, 개선이 필요한 부분은 건설적으로 제안을 하면 좋습니다. 처음에는 어색할 수 있지만, 어느 순간 갈등을 다루는 최고의 방법이라는 것을 느끼게 될 것입니다.

직장의 갈등에 이어 가족 간의 갈등을 긍정적으로 풀어가는 방법에 대해서도 알아보겠습니다. 가정에서의 갈등은 특히 감정적이 되기 쉽습니다. 어느 가족치료 전문가는 이렇게 조언합니다.

> "가족 간 갈등에서 가장 중요한 건 '타이밍'입니다. 모두가 화가 났을 때는 대화를 피하세요. 대신 이렇게 말해보세요. '지금은 우리 모두 감정적인 것 같아. 잠시 후에 이야기하는 게 어떨까?'"

다음의 네 가지를 활용하면 가족 갈등을 효과적으로 해결할 수 있을 것입니다.

정기적인 가족 회의 시간 갖기
'나' 중심의 대화하기
각자의 역할과 책임을 명확히 하기
작은 변화부터 시작하기

2번의 '나' 중심의 대화는 "너는 왜 맨날 이래?"를 "나는 네가 안 도와줄 때 속상해."라고 말하는 것입니다.

여기에서도 정기적인 가족 회의 시간을 갖는 것이 처음에는 어색할 수 있습니다. 하지만 어느 순간 서로의 고민을 나누는 시간이 되었다는 것을 경험하게 될 것입니다.

위에서 소개한 방법을 사용하게 된다면 매장 직원과 본사 직원들 사이의 오랜 갈등을 해결하기 위해 '역지사지 프로그램'과 같은 것도 시작할 수 있습니다. 본사 직원들이 일주일간 매장에서 근무하고, 매장 직원들은 본사 업무를 경험하는 것입니다. 이런 결정은 절대로 쉽게 정해지지 않습니다. 서로의 업무를 직접 경험하니 이해가 되는 점들이 많아지게 될 것입니다.

갈등 예방

갈등 관리의 핵심은 '예방'에 있습니다. 문제가 커지기 전에 작은 신호를 포착하고 대응하는 것이 중요합니다. 갈등을 예방하기 위해서는 다음의 네 가지를 관리해야 합니다.

정기적인 소통 창구 만들기
작은 불만도 귀 기울이기
서로의 기대치 명확히 하기
감사와 인정의 표현 자주하기

이런 점을 실천하는 부서는 매일 아침 5분 미팅을 통해 어제의 좋았던 점, 오늘의 우려되는 점을 간단히 나누게 될 것입니다.

갈등 관리는 단순히 문제를 해결하는 것을 넘어, 더 나은 관계를 만드는 과정입니다. 갈등 관리를 잘 하면 더 깊은 신뢰관계를 만들고, 문제해결 능력 또한 향상시킵니다. 조직 문화를 강화시키고 혁신의 기회 또한 발견하게 될 것입니다. 갈등은 피할 수 없는 것이 아닌, 현명하게 활용할 수 있는 기회입니다. 중요한 것은 갈등 자체가 아니라, 그것을 다루는 우리의 태도와 방식입니다.

버톤의 기본적 인간욕구이론

갈등 속에 숨겨진 욕구

우리는 일상적으로 다양한 갈등 상황을 마주합니다. 때로는 사소한 의견 차이에서 시작된 갈등이 깊은 상처로 이어지기도 하고, 서로를 이해하지 못한 채 평행선을 그리며 갈등이 지속되기도 합니다. 왜 이런 일이 발생하는 걸까요? 갈등의 본질을 이해하기 위해서는 먼저 우리 내면에 숨겨진 욕구를 들여다볼 필요가 있습니다.

회의 중 동료가 내 의견을 무시하고 지나갔을 때, 어떤 사람은 즉각적으로 반박하며 자신의 의견을 강하게 주장하는 반면, 다른 사람은 묵묵히 참아넘기기도 합니다. 같은 상황이지만 서로 다른 반응이 나오는 이유는 무엇일까요? 이는 우리 각자가 가진 고유한 경험, 가치관, 그리고 그 순간 가장 강하게 작용하는 내면의 욕구가 다르기 때문입니다.

우리의 반응은 단순히 눈앞의 상황에 대한 것이 아닙니다. 그 속에는 우리의 과거 경험, 트라우마, 성장 과정에서 형성된 가치관, 그리고 그 순간 충족되지 못한 욕구들이 복잡하게 얽혀 있습니다. 예를 들어, 어린 시절부터 자신의 의견을 무시당했던 경험이 있는 사람은 비슷한 상황에서 더 민감하게 반응할 수 있습니다.

인간의 가장 기본적인 욕구 중 하나는 '인정'입니다. 우리는 자신의 존재가치를 인정받고 싶어 하고, 자신의 의견과 감정이 존중받기를 원합니다. 이러한 욕구가 충족되지 못할 때, 우리는 다양한 형태의 갈등 상황을 만들어내게 됩니다.

직장에서 열심히 일했지만 상사로부터 적절한 인정을 받지 못했을 때, 우리는 실망감과 분노를 느낍니다. 이러한 감정이 쌓이면 소극적 저항이나 직접적인 항의로 이어질 수 있습니다. 이는 단순히 승진이나 보상의 문제가 아닌, 우리 내면의 '인정받고 싶은 욕구'가 충족되지 못한 결과입니다.

갈등 연구의 선구자인 존 버튼(John Burton)은 인간의 기본적 욕구가 충족되지 못할 때 갈등이 발생한다고 주장했습니다. 그는 갈등을 단순히 이해관계의 충돌로 보는 기존의 관점에서 벗어나, 보다 근본적인 인간의 욕구 차원에서 갈등을 이해해야 한다고 강조했습니다.

버튼의 관점에서 보면, 갈등은 단순히 해결해야 할 문제가 아니라 충족되지 못한 욕구의 신호입니다. 예를 들어, 직장 내 잦은 다툼의 이면에는 안전에 대한 욕구, 인정받고 싶은 욕구, 자아실현의 욕구 등이 존재할 수 있습니다.

갈등 상황에서 우리가 먼저 해야 할 일은 자신의 진짜 욕구가 무엇인지 찾아보는 것입니다. 화가 날 때, 슬플 때, 불안할 때 우리는 다음과 같은 질문을 스스로에게 던져볼 수 있습니다.

지금 이 순간 나를 가장 불편하게 만드는 것은 무엇인가?

이 상황에서 내가 진정으로 원하는 것은 무엇인가?

상대방에게 기대하는 것은 무엇이며, 그 이유는 무엇인가?

과거의 어떤 경험이 현재의 감정에 영향을 미치고 있는가?

이러한 자기성찰을 통해 우리는 갈등의 표면적인 모습이 아닌, 그 속에 숨겨진 진정한 욕구를 발견할 수 있습니다. 이것이 바로 갈등 해결의 첫걸음이며, 더 나은 관계를 위한 시작점이 됩니다.

우리가 진정으로 원하는 것들

인간의 기본적 욕구를 이해하는 것은 갈등 해결의 핵심입니다. 우리가 진정으로 원하는 것들을 살펴보면서, 갈등의 더 깊은 차원을 이해할 수 있습니다.

'안전에 대한 욕구'는 인간의 가장 기본적인 욕구 중 하나입니다. 이는 단순히 물리적 안전만을 의미하지 않습니다. 심리적, 정서적, 경제적 안전 또한 우리의 삶에서 중요한 부분을 차지합니다. 직장에서 구조조정의 소문이 돌 때, 우리가 느끼는 불안감은 단순히 일자리를 잃을 수 있다는 두려움을 넘어섭니다. 그것은 미래에 대한 불확실성, 자신의 가치에 대한 의문, 그리고 사회적 관계의 상실에 대한 두려움을 포함합니다. 이러한 안전에 대한 욕구가 충족되지 못할 때, 우리는 방어적이 되거나 과도하게 경쟁적인 태도를 보일 수 있습니다.

정체성은 우리가 누구이며, 어떤 가치를 지니고 있는지에 대한 근본적인 이해를 의미합니다. 우리에게는 '정체성 인정의 욕구'가 있습니다. 때로는 이러한 정체성에 대한 위협이 심각한 갈등의 원인이 되기도 합니다. 예를 들어, 회사에서 자신의 전문성이나 경험이 무시될 때, 우리는 깊은 상처를 받습니다. 이는 단순히 의견이 받아들여지지 않은 것에 대한 실망을 넘어, 자신의 정체성과 가치가 부정당하는 것으로 느껴지기 때문입니다.

모든 인간은 자신의 존재가치를 인정받고 싶어 합니다. '존중받고 싶은 욕구'는 우리의 일상적인 행동과 결정에 큰 영향을 미칩니다. 이는 단순히 칭찬이나 표면적인 인정을 넘어, 진정한 이해와 수용에 대한 욕구를 포함합니다. 가정에서, 직장에서, 그리고 사회적 관계 속에서 우리는 끊임없이 존중과 인정을 추구합니다. 이러한 욕구가 충족되지 못할 때, 우리는 분노, 좌절, 소외감을 경험하게 됩니다.

인간은 본질적으로 사회적 존재입니다. 우리는 의미 있는 관계를 맺고, 어딘가에 소속되어 있다고 느끼고 싶어 합니다. 이러한 '소속감에 대한 욕구'는 때로는 우리의 행동을 결정하는 강력한 동기가 됩니다. 집단 내에서 소외되는 것에 대한 두려움, 관계가 깨질 수 있다는 불안감은 우리의 행동을 제약하거나 갈등을 피하게 만들 수 있습니다. 반대로, 강한 소속감을 느끼는 집단 내에서는 더 적극적으로 자신의 의견을 표현하고 갈등에 직면할 수 있습니다.

'공정성에 대한 욕구'는 인간의 기본적인 심리적 필요 중 하나입니다. 우리는 자신이 공정하게 대우받고 있다고 느낄 때 안정감을 느끼며, 반대의 경우 강한 분노와 저항감을 경험합니다. 승진과 보상의 문제, 업무 분담의 형평성, 의사결정 과정의 투명성 등은 모두 공정성과 관련된 중요한 이슈들입니다. 이러한 영역에서 불공정성을 경험할 때, 우리는 강한 정서적 반응을 보이게 됩니다.

욕구를 이해하면 갈등이 보인다

지금까지 살펴본 기본적 욕구들은 우리의 일상적인 갈등 속에서 어떻게 작용하고 있을까요? 이제 구체적인 상황들을 통해 갈등 속에 숨겨진 욕구들을 살펴보겠습니다.

직장은 다양한 욕구들이 충돌하는 대표적인 공간입니다. 예를 들어, 팀 프로젝트에서 발생하는 갈등을 살펴보겠습니다.

리더는 프로젝트의 성공적인 완수(성취 욕구)와 팀원들과의 좋은 관계 유지(관계 욕구) 사이에서 고민합니다. 팀원들은 자신의 전문성을 인정받고 싶은 욕구와 안정적인 팀 분위기를 유지하고 싶은 욕구 사이에서 갈등합니다. 새로운 아이디어를 제시하는 것에 대한 두려움은 안전 욕구와 성장 욕구 사이의 충돌을 보여줍니다.

가족 관계에서 발생하는 갈등의 이면에는 복잡한 욕구들이 얽혀 있습니다. 겉으로 보이는 다툼의 주제는 사소해 보일 수 있지만, 그 속에는 깊은 정서적 욕구들이 자리 잡고 있습니다.

자녀의 반항적 행동 속에는 독립성과 자율성에 대한 욕구가 있으며, 부모의 과도한 간섭은 자녀의 안전과 성공을 바라는 보호 욕구의 표현일 수 있습니다. 부부 간의 일상적 다툼 속에는 인정, 존중, 이해받고 싶은 욕구가 숨어 있습니다.

더 큰 차원의 사회적 갈등도 결국은 개인과 집단의 기본적 욕구가 충족되지 못한 결과입니다. 세대 갈등, 이념 갈등, 계층 갈등 등 다양한 사회적 갈등의 이면에는 다음과 같은 욕구들이 존재합니다.

공정하고 정의로운 사회에 대한 욕구
자신의 집단의 가치와 문화가 존중받고 싶은 욕구
미래에 대한 안전과 보장에 대한 욕구
사회적 인정과 존중에 대한 욕구

갈등 해결을 위한 새로운 접근은 서로의 욕구를 이해하고 인정하는 것에서 시작됩니다. 이는 다음과 같은 과정을 통해 이루어질 수 있습니다.

갈등 상황에서 각자의 진짜 욕구가 무엇인지 파악하기
상대방의 욕구를 인정하고 공감하기
서로의 욕구를 충족시킬 수 있는 창의적인 해결책 모색하기
지속가능한 관계를 위한 상호 이해와 존중의 문화 만들기

이러한 접근은 단순히 갈등의 표면적 해결이 아닌, 모든 당사자의 기본적 욕구가 존중받고 충족되는 진정한 해결을 가능하게 합니다.

4부

갈등 관련자들

갈등 조장자

갈등 상황에서 일부 사람들은 의도적으로 갈등을 조장하거나 심화시키는 행동을 보이기도 합니다. 이들을 우리는 갈등 조장자(instigator)라고 부릅니다. 이는 단순한 우발적인 행동이 아니라 특정한 동기와 목적을 가진 경우가 많습니다. 또한 갈등을 더욱 잘 만들어내는 성격들도 있습니다. 먼저 그들이 행동하는 이유와 이를 통해 얻는 이익을 살펴보겠습니다.

권력과 통제력 확보

갈등을 조장하는 사람들의 주된 동기 중 하나는 자신이 더 많은 권력과 통제력을 가지기 위함입니다. 갈등 상황에서는 혼란이 발생하기 때문에 상황을 안정시키거나 조정할 수 있는 사람에게 권력이 집중되는 경우가 많습니다. 갈등을 유발함으로써 자신이 중심적인 역할을 맡아 권력을 얻고자 하는 목적이 있다는 것을 알아야 합니다. 조직 내에서 일부 사람들이 갈등을 심화시키며 '중재자' 역할을 자청함으로써 자신의 유능함과 존재감을 표현하는 경우가 있습니다. 그러면 윗사람에게 눈에 띄어 새로운 권력의 자리를 차지하게 될 수도 있습니다. 또한 리더가 갈등이 벌어지도록 의도하는 경우도 있는데, 그것은 자신의 권력이 계속 유지되도록 분위기를 만들기 위해서입니다. 왜냐하면 갈등의 폭풍이 일어났을 때 자신이 '해결사'로 나타날 수 있기 때문입니다.

자원 통제의 목적을 위해서도 갈등을 일으키는 경우가 있습니다. 시간, 인력, 예산 등을 분배하는 과정에서 갈등을 조장하면 자신의 입맛에 맞게 자원을 더 많이 확보하거나 분배 구조를 유리하게 조정할 기회를 얻을 수 있기 때문입니다. 이들은 갈등을 통해서 자신이 원하는 것을 얻고자 하는 사람들입니다. 상대가 어떻게 되든, 조직의 분위기가 어떻게 되든 자신의 목적만을 바라보는 사람일 가능성이 큽니다.

경쟁 우위 확보

갈등 상황에서는 혼란스러운 틈을 타 자신의 이익을 극대화하려는 동기가 작용할 수 있습니다. 경쟁 우위를 확보하기 위해서 갈등을 활용하는 것입니다. 상대방이 약화되거나 혼란에 빠질 경우, 자신의 입지를 강화하거나 더 유리한 협상 위치를 점할 수 있는 것을 이용하는 것입니다. 경쟁 기업이 있는 경우 일부러 갈등을 조장하여 상대방의 평판을 떨어뜨리고 자신의 브랜드를 부각하는데 바로 떠오르는 기업이 있을 것입니다.

동일한 목적으로 경쟁상대를 고발하는 경우가 있습니다. 상대의 잘못이 확실하지 않거나 심지어 잘못이 없는 경우에도 형사상, 민사상 고발을 함으로 상대를 겁주거나 피곤함을 만들어버리는 것입니다. 상대가 잘못이 없더라도 이런 경험을 하게 되면 그냥 포기하는 경우가 생깁니다. 이럴 때 고발을 한 쪽은 이익을 더 크게 얻을 수 있습니다. 갈등을 의도적으로 유발해 자신이 원하는 방향으로 상황을 이끌어 가기 위한 행동입니다.

심리적 안정

분노나 불만 표출을 함으로 타인으로부터 주목을 끌어 심리적 안정을 얻고자 하는 사람들이 있습니다. 이들은 조직이나 관계에서 느낀 불만, 좌절, 억울함을 갈등을 통해 표출합니다. 자신이 직접적인 해소 방법을 찾지 못한 채 갈등을 통해 심리적 만족을 느끼는 것입니다.

이들은 주변 사람들의 주목을 받지 못한다고 느낄 때가 많습니다. 그럴 때마다 갈등을 유발하여 주의를 끌려는 행동을 보입니다. 즉, 시비를 거는 것입니다. 이런 사람과는 소통을 하는 것이 쉽지 않습니다. 왜냐하면 자신의 주목을 끌고자 하는 이유를 부인할 것이기 때문입니다. 팀 프로젝트에서 자신의 의견이 무시된다고 생각할 때마다 의도적으로 다른 사람의 계획에 반대를 하는 사람들을 경험했을 것입니다. 주목을 끌어 자신의 심리적 안정을 얻고자 하는 행동이라고 보시면 됩니다.

갈등 동조자

갈등 상황에서 갈등을 처음으로 촉발하는 조장자(instigator)와 그에 동조하며 갈등을 더욱 확산시키는 동조자(sympathizer)는 서로 다른 의도를 가지고 행동합니다. 동조자의 역할과 의도는 조장자와는 구별되며, 다음과 같이 정리할 수 있습니다.

갈등 동조자는 조장자의 행동과 의견에 적극적으로 공감하거나 지지하면서 갈등 상황에 기여합니다. 이들은 갈등의 주요 원인이 아닌 주변적 위치에 있어 조장자의 의견에 동조하며 갈등이 더 확대되도록 행동합니다. 이들 또한 갈등에 대해서 감정적으로 반응하는 경우가 많은데 어떤 역할을 하는지 아는 것이 중요합니다.

갈등 정당성 강화

갈등 동조자는 갈등 조장자의 갈등 정당성을 강화합니다. 갈등 조장자의 입장을 지지함으로써 갈등 상황이 더욱 공고해지는데 큰 역할을 합니다. 동조자가 많아질수록 조장자의 의견이 단순한 개인의 불만이 아닌, 다수의 지지에 의해 정당성을 얻은 주장으로 비춰집니다.

조장자의 행동이나 의견이 과격하거나 비논리적이어도 동조자의 지지가 이를 보완하며 설득력을 더합니다. 결과적으로, 갈등은 해결보다는 지속 가능성이 높아지며, 중립적 입장에 있던 사람들도 점차 갈등에 끌려들 가능성이 커집니다. 결국 갈등 동조자는 갈등 조장자의 정당성을 강화시켜 갈등이 더욱 구조화되고 해결하기 어려워지게 만듭니다.

집단적 분위기 조성

여러 동조자가 조장자에 동참할 경우, 갈등이 단순히 개인 간의 문제가 아닌 집단적 문제로 확대됩니다. 집단 내부에서는 동조자들이 하나의 결속력을 형성하며, 갈등이 다수 대 소수의 구도로 변질될 수 있습니다. 이러한 상황에서는 갈등이 단순한 의견 차이를 넘어 조직, 팀, 또는 공동체의 근본적 문제로 비화되기 쉽습니다. 예를 들면, "조직이 커서 어쩔 수 없어. 이런 갈등은 당연한 거라고! 저 리더(갈등 조장자)는 얼마나 힘들까!"라는 평가를 하는 사람이 여러 명이 되면 마치 이 내용이 정확한 분석이 되어 갈등의 본질을 보지 못하게 됩니다. 갈등 조장자인 리더의 문제를 덮어 더이상 말하지 못하게 만들기도 합니다. 리더는 갈등 동조자를 가까이 두기 시작할 것입니다. 그 동조자는 직책이 높아지는 경험을 하게 되어 더욱 열심히 조장자의 옆에 붙어있게 됩니다.

이번에는 갈등 동조자의 의도와 동기를 살펴보겠습니다. 동조자의 행동은 조장자의 의도와 달리 여러 가지 심리적, 사회적 동기에서 비롯됩니다.

자기 방어적 동기
동조자는 자신이 속한 집단 또는 상황에서 벗어나지 않기 위해 조장자의 행동을 지지합니다. 이들은 갈등을 피하면서 직장 내에서 안정적인 위치를 유지하려는 욕구가 강합니다. 따라서 갈등을 일으키는 측에 편승함으로써 자신을 보호하려는 것입니다.

그룹 내 결속력 강화
동조자는 그들이 속한 그룹의 일원으로서, 그룹의 결속력을 강화하거나 사회적 지위를 확보하려는 동기를 가질 수 있습니다. 이들은 조장자의 목표나 행동이 자신의 가치와 맞닿아 있지 않더라도, 그와 함께 행동함으로써 사회적 인정과 연대감을 얻으려 합니다. 문제는 이런 결속력 강화가 그 조직을 더욱 병들게 만든다는 것입니다. 예를 들어, 내란을 일으켜도 내란 조장자를 지지함으로 내란 동조자가 되는 것입니다. 그 어느 때

보다 동조자가 되면 안 되는 상황인데 미련하게 끝까지 버티는 사람들도 있습니다.

권력자에게 인정 받기

동조자는 권력자의 말이 어떻게 되었든지간에 전적으로 지지하는 모습을 보입니다. 조장자의 행동에 동조함으로써 스스로를 지키는 것입니다. 문제는 조장자의 의견이 잘못되었다는 것에 있습니다. 다른 사람들이 의문을 가지고 있을 때 동조자는 조장자의 말에 전적으로 동조할뿐 아니라 앞장서서 지지하는 발언을 합니다. 그리고 반대하는 상대를 짓밟아 그 세력을 제거합니다. 결국 조장자로부터 인정을 받게 됩니다.

이득 추구

개인적인 이득이나 혜택을 얻기 위해 동조하는 경우가 있습니다. 동조자는 권력의 중심에 있는 사람을 동조하면 분명 자신에게 유리한 상황을 만들 수 있다는 것을 알고 있습니다. 동조자들은 서로 더 큰 이익을 얻기 위해서 경쟁을 하기도 합니다. 조장자 입장에서는 너무나 탄탄한 오른팔, 왼팔이 있게 된 것입니다. 갈등의 원인을 정확하게 본다면 조장자가 문제라는 것을 알게 되는데 그것을 지적하면 원하는 이득을 얻을 수 없게 되니 아부쟁이를 선택하게 되는 것입니다. 그래서 어느 곳에 가서도 누가 권력자인지 찾아서 충성을 하게 됩니다.

감정적 공감

위에서 언급한 의도와 동기가 아닌 '과도한' 감정적 공감이 작동했을 가능성이 있습니다. 이런 동조자는 조장자의 상황에 감정적으로 공감하는 말을 진지하게 합니다. 조장자가 일으킨 갈등의 고통을 느끼는 것보다 조장자가 겪을 고통을 이해하는 것입니다. 그래서 갈등의 문제를 자세히 들여다보지 못하며 그저 조장자를 두둔하기만 합니다. 그런 시각으로만 바라보기 때문에 갈등 조장자를 나쁜 놈이라고 절대로 말하지 못하며, 불쌍하고 안타깝다는 마음을 품게 됩니다.

이런 상황에서 어떤 해결책을 선택해야 할지 알아보겠습니다. 잘못된 방식을 사용하게 되면 오히려 갈등이 더 심해지고 안 좋은 사람으로 낙인이 찍히게 될 수 있습니다.

객관적 증거와 대안 제시

리더의 판단이 가져온 부정적인 결과를 구체적이고 명확한 데이터로 보여주는 것이 필요합니다. 팀의 생산성을 저하시킨 점, 관계를 악화시킨 점, 재정적 손실을 일으킨 점들의 구체적인 근거를 보여줘야 합니다. 동시에, 더 나은 해결책이나 대안적인 접근 방식을 제시하여 리더의 판단이 유일한 선택지가 아님을 알려야 합니다.

공감과 비판적 사고 촉진

동조자들이 갈등의 피해를 입은 사람들의 입장을 생각하도록 유도하여 공감 능력을 자극해야 합니다. "이 결정으로 피해를 입은 사람들이 어떻게 느낄지 생각해보셨나요?"라고 말을 하면서 갈등 조장자 때문에 상처를 받은 사람들의 마음을 생각할 수 있도록 해야 합니다.

또한 리더의 판단을 맹목적으로 따르는 대신, 비판적으로 사고하고 스스로 판단할 수 있도록 도와야 합니다. "리더의 결정이 항상 옳을 수는 없겠죠. 이번 결정은 정말로 최선이었을까요?"라는 말을 함으로 그 이상의 생각을 해볼 수 있게 해야 합니다.

미래의 부정적 결과 상기

현재의 잘못된 판단이 장기적으로 어떤 부정적인 영향을 미칠 수 있는지 강조해야 합니다. 갈등 조장자는 이미 점점 안 좋은 영향을 미치고 있다는 근거가 있을 것입니다. 수치가 그것을 보여줄텐데 이런 식으로 계속 진행하게 된다면 앞으로 더 큰 문제가 생길 가능성이 높다는 것을 상기시켜야 합니다.

이 세 가지 접근 방식은 동조자들이 리더와 자신의 판단을 다시 돌아보고, 갈등의 원인을 더 깊이 이해하며, 긍정적인 변화를 향해 나아가도록 도울 것입니다.

갈등 해결자

갈등은 피할 수 없지만, 현명하게 해결할 수는 있습니다. 실제로 잘 해결하는 갈등 해결자(resolver)가 있습니다. 매일 아침 출근길 지하철에서 마주치는 사람들의 표정을 유심히 살펴본 적이 있으신가요? 피곤해 보이는 얼굴도 있지만, 종종 누군가와의 갈등으로 고민이 깊어 보이는 표정도 발견하게 됩니다. 직장에서의 동료와의 갈등, 가족 간의 의견 충돌, 친구와의 오해 등 우리는 매일 크고 작은 갈등 속에서 살아갑니다.

갈등이 없는 삶을 꿈꾸는 것은 비현실적입니다. 오히려 갈등은 우리 삶의 자연스러운 부분이며, 때로는 필요한 과정이기도 합니다. 문제는 갈등 자체가 아니라, 그것을 어떻게 다루느냐에 있습니다. 여기에서는 갈등을 두려워하지 않는 사람들의 특징이 어떤지 살펴보겠습니다.

* * *

갈등을 두려워하지 않고 마주하는 용기에 대해서 알아보겠습니다. 갈등은 피하지 않을 때 오히려 더 깊은 이해가 찾아올 수 있습니다.

> "처음에는 팀장님과 대화하는 것조차 힘들었어요. 하지만 이대로는 안 되겠다 싶어서 용기를 내어 대화를 청했죠. 놀랍게도 그 대화가 우리 관계의 전환점이 되었습니다."

갈등을 마주하는 용기

서울의 한 IT 기업에서 일하는 김민서 씨(35세)는 3년 전, 새로 부임한 팀장과의 심각한 갈등으로 퇴사를 고민했습니다. 업무 스타일이 달랐고, 소통 방식도 맞지 않았지만 그녀는 도망가는 것을 택하지 않았습니다.

갈등을 잘 해결하는 사람들에게서 발견되는 첫 번째 특징은 바로 '갈등을 마주하는 용기'입니다. 그들은 갈등이 두렵지 않은 것이 아니라, 두려움에도 불구하고 그것을 피하지 않습니다.

대부분의 사람들은 갈등을 불편해합니다. 그래서 '눈 감아버리기', '그냥 참기', '관계 끊기' 등의 방법을 선택합니다. 하지만 이러한 회피는 일시적인 평화만을 가져올 뿐, 근본적인 해결책이 되지 못합니다.

갈등을 잘 다루는 사람들은 다릅니다. 그들은 불편한 감정을 인정하고 받아들입니다. 문제를 직면하는 것이 장기적으로 더 나은 선택임을 압니다. 갈등 상황을 배움의 기회로 봅니다.

> "처음에는 팀장님이 나를 미워해서 이러시는 줄 알았어요. 하지만 대화를 나누면서 깨달았죠. 우리는 그저 회사의 발전 방향에 대한 생각이 달랐을 뿐이라는 것을요."

갈등을 바라보는 새로운 관점

김민서 씨의 이야기는 중요한 점을 시사합니다. 갈등을 잘 해결하는 사람들은 갈등을 개인적인 공격으로 받아들이지 않습니다. 대신 해결해야 할 과제로 바라봅니다. 이들의 두 번째 특징은 '관점의 전환'입니다. 갈등을 개인 간의 싸움이 아닌 해결해야 할 문제로 봅니다. 상대방도 나처럼 나름의 이유가 있음을 이해합니다. 갈등이 오히려 더 깊은 이해와 성장의 기회가 될 수 있다고 믿습니다.

실제로 일어난 변화

김민서 씨는 팀장과의 대화 후 몇 가지 변화를 경험했

습니다. 서로의 업무 스타일을 이해하게 되었으며, 의견 차이를 더 건설적으로 논의할 수 있게 되었습니다. 그래서 팀 전체의 소통 방식이 개선되었습니다.

> "지금은 팀장님과 매주 짧게라도 1:1 미팅을 합니다. 처음에는 어색했지만, 이제는 이 시간이 우리 팀의 중요한 소통 창구가 되었어요. 오히려 예전의 갈등이 우리 관계를 더 단단하게 만들어준 것 같습니다."

갈등을 두려워하지 않는다는 것은 갈등을 즐긴다는 의미가 아닙니다. 그것은 갈등이 우리 삶의 자연스러운 부분임을 받아들이고, 그것을 통해 배우고 성장하려는 자세를 의미합니다. 이는 선천적인 능력이 아닌, 우리 모두가 배우고 발전시킬 수 있는 태도입니다.

다음의 질문을 스스로에게 해보는 것이 필요합니다.

최근 내가 회피하고 있는 갈등은 무엇인가?
그 갈등을 회피하는 이유는 무엇인가?
그 갈등이 해결된다면 어떤 긍정적인 변화가 일어날 수 있을까?

그리고 다음과 같은 실천이 필요합니다.

이번 주에 회피하고 있는 작은 갈등 하나를 선택하여 대화를 시도하기
갈등 상황에서 느끼는 감정을 일기로 기록하기
주변에서 갈등을 잘 해결하는 사람을 관찰하고 배울 점을 메모하기

* * *

갈등 상황을 읽는 눈을 키우는 방법을 알아보겠습니다. 갈등의 표면 아래에 숨어있는 진짜 원인을 발견하는 것이 중요합니다.

> "처음에는 정말 이해할 수 없었어요. 왜 동생은 이렇게까지 요양원 입소를 반대하는 걸까... 하지만 어느 날 동생의 일기장을 우연히 보게 됐죠. '나는 언제나 엄마한테 불효한 딸이었나봐. 이제와서 요양원에 보내자고 하다니...' 그제야 동생의 마음이 보였습니다."

어머니의 요양원 입소 문제로 동생과 격렬한 다툼을 벌였던 언니는, 우연히 발견한 동생의 속마음을 통해 갈등의 진짜 모습을 보게 되었습니다.

갈등의 뿌리를 찾아서

갈등은 마치 빙산과 같습니다. 우리가 보는 것은 수면 위로 드러난 일부분에 불과합니다. 위 사례의 경우, 겉으로 보기에는 단순히 어머니의 요양원 입소를 둘러싼 의견 차이 같지만 그 아래에는 훨씬 더 깊은 이야기가 숨어 있었습니다.

> "동생은 어릴 때부터 바쁜 부모님 대신 저한테 많이 의지했어요. 제가 언니다 보니 부모 역할도 좀 했죠. 그러다 보니 늘 제 의견을 따르곤 했는데... 이번에는 달랐어요. 처음으로 강하게 자기 의견을 내세웠죠."

언니는 처음에 동생의 반대가 단순히 고집이나 무지에서 비롯됐다고 생각했습니다. 하지만 시간이 지나면서 깨달았습니다. 동생의 반대 이면에는 어머니에 대한 죄책감, 늘 의존적이었던 과거에 대한 반발, 그리고 '좋은 딸'이 되고 싶은 간절한 마음이 있었다는 것을요.

갈등을 들여다보는 네 개의 창

갈등을 이해하는 데는 네 가지 관점이 필요합니다. 마치 한 집을 바라볼 때 앞에서, 뒤에서, 그리고 양옆에서 보는 것처럼 말이죠. 각각의 시점에서 보이는 모습이 다르듯, 갈등도 어느 방향에서 보느냐에 따라 다른 모습을 보여줍니다.

첫 번째 창으로 보면 '사실관계'가 보입니다. 위 사례의 경우, 어머니의 건강 상태와 돌봄이 필요한 현실적인 상황이 보였죠. 동생은 어머니가 아직 혼자서도 충분히 생활할 수 있다고 봤지만, 언니는 전문적인 케어가 필요한 상태라고 판단했습니다.

두 번째 창으로는 '실제적인 이해관계'가 보입니다. 누가 어머니를 모실 것인지, 비용은 어떻게 나눌 것인지, 각자의 생활은 어떻게 조정할 것인지와 같은 현실적인 문제들이었죠.

세 번째 창에서는 '각자의 가치관'이 보입니다. 언니에게 효도란 어머니에게 최선의 의료 서비스를 제공하는 것이었지만, 동생에게는 끝까지 곁에서 직접 모시는 것이었습니다.

마지막 창으로는 '감정'이 보입니다. 동생의 죄책감, 언니의 부담감, 서로에 대한 미안함과 원망이 뒤섞여 있었죠.

갈등의 흐름 읽기

갈등에도 물처럼 흐름이 있습니다. 처음에는 잔잔한 개울처럼 시작해서, 점차 거센 급류가 되기도 하죠. 이 흐름을 읽을 줄 아는 것이 중요합니다. 위 사례의 갈등도 처음부터 격렬했던 것은 아닙니다. 처음에는 가벼운 의견 차이로 시작했습니다. "어머니가 좀 쉬실 수 있게 주말만이라도 요양원에 모시면 어떨까?" 하는 제안이었죠. 하지만 동생의 강한 거부감을 마주하면서 대화는 점점 감정적으로 변했고, 결국은 서로 말을 하지 않는 상태까지 이르렀습니다.

> "어느 순간 깨달았어요. 이렇게 감정적으로 대립하다가는 결국 우리 모두가 상처만 입을 거라는 걸요. 그래서 일단 한 발 물러서서 생각해보기로 했죠."

언니는 갈등이 고조되었을 때 잠시 멈춰 서는 지혜를 발휘했습니다. 그리고 천천히 동생의 이야기를 들어보기 시작했습니다. 동생의 걱정, 두려움, 그리고 사랑하는 방식에 대해 이해하게 되었죠.

이해하는 것이 절반

결국 언니와 동생은 중간 지점을 찾았습니다. 평일에는 재가 요양 서비스를 이용하고, 주말에만 요양원을 이용하기로 한 것입니다. 완벽한 해결책은 아니었지만, 서로를 이해하려 노력하면서 찾은 그들만의 방법이었습니다.

> "이제는 알아요. 갈등은 이기고 지는 게임이 아니라는 걸요. 서로를 더 이해하고 더 가까워질 수 있는 기회라는 것을요."

오늘의 생각해볼 점

갈등 상황에서 우리는 종종 표면적인 것에만 집중합니다. 하지만 잠시 멈춰 서서 생각해보세요. 지금 벌어지고 있는 갈등의 진짜 원인은 무엇일까요? 상대방의 마음 속에는 어떤 이야기가 숨어있을까요? 그리고 나는 이 상황에서 무엇을 배울 수 있을까요? 이러한 질문들을 통해 우리는 갈등을 더 깊이 이해할 수 있습니다. 그리고 그 이해는 해결을 향한 첫걸음이 될 것입니다.

* * *

진정한 대화의 힘을 알아보겠습니다. 상대방의 말을 진심으로 듣고, 자신의 감정을 알아차리며, 함께 해결책을 찾아가는 과정의 중요성을 알게 될 것입니다.

> "처음에는 대화가 전혀 통하지 않았어요. 서로 목소리만 높이다가 결국 며칠씩 말도 안 하고 지냈죠. 그러다 문득 깨달았습니다. 우리는 대화를 하고 있었지만, 진짜 대화는 하지 않고 있었다는 걸요."

진짜 대화

같은 학년을 맡은 동료 교사와 학생 지도 방식을 두고 심각한 갈등을 겪었던 A 교사는, 갈등 해결의 핵심이 '진짜 대화'에 있다는 것을 깨달았습니다.

> "그동안 저는 제 주장만 반복하고 있었어요. 동료 교사의 말은 겉으로만 듣고 있었죠. 사실 듣는 척만 하면서 머릿속으로는 이미 반박할 말을 준비하고 있었던 거예요."

많은 사람들이 대화를 하면서도 진정한 대화를 하지 못합니다. 상대방의 이야기를 듣는 것 같지만 실제로는 자신의 생각에 갇혀 있는 경우가 많죠. 위 A 교사도 처음에는 그랬습니다.

> "제가 담당한 반의 문제 학생을 상담하는 방식을 두고 의견이 갈렸어요. 저는 학생과의 신뢰 관계를 중시하는 편이라 최대한 대화로 풀어가려 했는데, 동료 선생님은 더 엄격한 규율이 필요하다고 보셨죠. 처음에는 서로 자기 방식만 고집하면서 팽팽하게 맞섰어요."

마음을 여는 대화의 시작

변화는 작은 깨달음에서 시작되었습니다. 어느 날 A 교사는 동료 교사가 한숨을 쉬며 "나도 이 학생들을 위해서 그러는 건데…"라고 중얼거리는 걸 우연히 듣게 되었습니다.

> "그 순간 깨달았어요. 우리는 같은 목표를 가지고 있었던 거예요. 학생들을 위해서요. 다만 접근하는 방식이 달랐을 뿐이죠."

이 깨달음을 시작으로 A 교사는 대화 방식을 바꾸기 시작했습니다. 가장 먼저 시도한 것은 '진심으로 듣기'였습니다.

> "상대방의 말을 중간에 자르지 않고 끝까지 듣기 시작했어요. 그리고 '제가 이해한 게 맞나요?'라고 물어보면서 제가 제대로 이해했는지 확인했죠. 놀랍게도 이렇게 하니 상대방도 제 말을 더 잘 들어주기 시작했어요."

감정을 다루는 법

갈등 상황에서 가장 어려운 것은 감정을 다루는 일입니다. A 교사도 처음에는 이 부분을 어려워했습니다.

> "화가 나면 목소리가 커지고, 말이 날카로워졌어요. 그러다 문득 '내가 왜 이렇게 화가 나지?'라고 스스로에게 물어보기 시작했죠. 그리고 알게 되었어요. 제 방식을 인정받지 못한다는 느낌 때문에 화가 났던 거예요."

감정을 다스리는 첫 단계는 자신의 감정을 인식하는 것입니다. A 교사는 감정이 격해질 때마다 잠시 멈춰 서서 깊은 숨을 쉬었습니다. 그리고 자신의 감정이 어디서 오는지 생각해보았죠.

> "감정을 억누르려 하지 않았어요. 대신 '제가 지금 많이 답답하네요'라고 솔직하게 표현했죠. 그러자 상대방도 '저도 그래요'라며 마음을 열기 시작했습니다."

해결책을 찾아가는 여정

진정한 대화가 시작되자 해결책도 자연스럽게 모습을 드러내기 시작했습니다.

> "우리는 서로의 접근 방식에서 배울 점을 찾기 시작했어요. 제가 중시하는 신뢰 관계도 중요하지만, 동료 선생님이 강조하는 명확한 기준과 규칙도 필요하다는 걸 이해하게 됐죠."

결국 그들은 새로운 방식을 만들어냈습니다. 학생들과 함께 학급 규칙을 정하고, 그 안에서 대화를 통해 문제를 해결해나가는 방식이었습니다.

> "놀라운 건 이 과정에서 우리의 관계가 더 돈독해졌다는 거예요. 서로를 더 이해하게 되었고, 이제는 다른 문제도 함께 의논하며 해결하고 있죠."

작은 실천으로 시작하기

갈등 해결의 기술은 하루아침에 습득되지 않습니다. A 교사도 여러 번의 시행착오를 겪었습니다. 하지만 작은 변화들이 모여 큰 변화를 만들어냈습니다.

> "가장 큰 변화는 제 안에서 일어났어요. 예전에는 제 방식이 옳다고 확신했는데, 이제는 다른 관점도 소중하다는 걸 알게 됐죠. 이게 진짜 성장이 아닐까요?"

갈등 해결의 첫걸음은 작은 실천에서 시작됩니다. 상대방의 말을 끝까지 듣기, 자신의 감정을 알아차리기, 그리고 진심으로 이해하려 노력하기. 이런 작은 변화들이 모여 관계를 회복시키고, 더 나은 해결책을 만들어내는 것입니다.

지금 당신이 겪고 있는 갈등 상황에서, 진정한 대화는 이루어지고 있나요? 상대방의 말을 정말로 듣고 있나요? 그리고 자신의 감정은 잘 알아차리고 있나요? 오늘부터 작은 변화를 시작해보는 건 어떨까요? 때로는 한 걸음 물러서서 보는 것만으로도 새로운 관점이 보일 수 있습니다.

* * *

갈등을 통해 성장한 사람들의 이야기를 만나보겠습니다. 그들은 갈등을 통해 자신의 한계를 극복하고, 더 넓은 시각을 갖게 되었다고 말합니다.

> "10년 전 그 일이 없었다면, 지금의 저는 없었을 거예요. 당시에는 세상이 무너지는 것 같았지만, 돌이켜보면 그때의 갈등이 제 인생의 전환점이었습니다."

위기가 기회로 바뀌는 순간

한때 대기업 마케팅 팀장이었던 B는 심각한 직장 내 갈등을 겪은 후 완전히 다른 삶을 선택했습니다.

> "신제품 출시를 앞두고 팀원들과 심각한 갈등이 있었어요. 저는 안전한 선택을 주장했고, 팀원들은 과감한 도전을 원했죠. 매일 밤늦게까지 회의가 이어졌고, 감정은 점점 격해졌습니다."

결국 A 팀장의 의견대로 안전한 방향을 선택했지만, 제품은 시장에서 실패했습니다. 팀원들의 원망 어린 시선과 자책감에 시달리던 A 팀장은 우연히 동네 제과점에서 휴식을 취하게 되었습니다.

> "따뜻한 빵 냄새에 매료되었어요. 그리고 문득 깨달았죠. 제가 늘 안전한 선택만 해왔다는 걸요. 그동안 제 삶은 두려움에 갇혀 있었던 거예요."

이 깨달음은 그녀의 인생을 바꾸어놓았습니다. 1년간의 제과 수업을 거쳐 작은 제과점을 열었고, 이제는 지역에서 손꼽히는 맛집이 되었습니다.

> "이제는 압니다. 갈등이 두려운 게 아니라, 변화가 두려웠던 거예요. 그 갈등이 제 인생의 전환점이 되었죠."

이해와 화해의 순간들

서울의 한 중고등학교에서 상담을 담당하는 B 교사는 학생들의 갈등 중재 과정에서 깊은 통찰을 얻었습니다.

> "처음에는 누가 옳고 그른지 판단하려 했어요. 하지만 점차 깨달았죠. 갈등 속에는 서로의 아픔이 숨어있다는 걸요."

그가 기억하는 가장 인상적인 사례는 3년 전의 일입니다. 학교 대표 자리를 두고 다투던 두 학생이 있었습니다. 표면적으로는 단순한 경쟁처럼 보였지만, 그 속에는 더 깊은 이야기가 있었습니다.

> "한 학생은 늘 부모님의 기대에 부응해야 한다는 압박감에 시달리고 있었고, 다른 학생은 오랜 열등감을 극복하고 싶어했죠. 결국 이 갈등은 서로의 아픔을 이해하는 계기가 되었습니다."

일상의 작은 승리들

평범한 일상 속에서도 갈등을 통한 성장은 이루어집니다. 경기도의 한 아파트에 사는 C 어른은 층간소음 문제로 시작된 갈등이 오히려 이웃 간의 돈독한 관계로 발전한 경험을 들려주었습니다.

> "아래층 주민과 크게 다툰 적이 있어요. 하지만 직접 찾아가 대화를 나누면서 상황이 달라졌죠. 서로의 사정을 알게 되었고, 이제는 명절에 음식도 나눠 먹는 사이가 되었습니다."

그는 이 경험을 통해 소통의 중요성을 깨달았습니다.

> "문제를 피하지 않고 마주하니, 오히려 더 좋은 관계가 만들어졌어요. 이제는 다른 이웃들과의 관계에서도 먼저 다가가려고 노력합니다."

관계의 깊이를 더하는 순간

대학에서 심리학을 가르치는 D 교수는 동료 교수와의 갈등을 통해 새로운 깨달음을 얻었습니다.

> "연구 방법론을 두고 심각한 의견 충돌이 있었어요. 처음에는 제 자존심이 상했죠. 하지만 시간이 지나면서 깨달았습니다. 우리는 같은 목표를 향해 가고 있었다는 걸요."

그들은 결국 서로의 관점을 통합한 새로운 연구 방법을 개발했고, 이는 학계에서 큰 주목을 받았습니다.

> "갈등이 없었다면 이런 발전도 없었을 거예요. 때로는 불편한 충돌이 새로운 시각을 열어주는 것 같아요."

성장의 순간들

이들의 이야기에서 우리는 몇 가지 공통점을 발견할 수 있습니다. 그들은 모두 갈등을 피하지 않고 정면으로 마주했습니다. 그리고 그 과정에서 자신의 한계와 편견을 발견하고 극복했습니다.

A팀장은 두려움을, B 교사는 선입견을, C 어른은 고정관념을, D 교수는 자존심을 뛰어넘었습니다. 그리고 그 과정에서 그들은 더 성숙한 인간으로 성장했습니다.

> "갈등은 우리를 불편하게 만들지만, 그 불편함 속에서 우리는 성장합니다. 중요한 것은 그 과정을 피하지 않는 용기입니다."

지금 당신이 겪고 있는 갈등은 어떤 메시지를 전하고 있나요? 그 속에 숨어있는 성장의 기회는 무엇일까요? 때로는 가장 어려운 순간이 우리를 가장 크게 성장시키는 순간이 됩니다. 갈등을 피하지 않고 마주할 때, 우리는 더 나은 자신을 만나게 될지도 모릅니다.

* * *

일상에서 실천할 수 있는 갈등 예방의 지혜를 살펴보겠습니다. 작은 습관들이 모여 큰 변화를 만들어낼 수 있습니다.

> "매일 아침 직원들과 차 한 잔씩 마시며 이야기를 나눕니다. 별거 아닌 것 같지만, 이 작은 습관이 우리 회사를 바꾸어놓았어요."

인천의 한 중소기업을 운영하는 E 대표의 회사는 10년 전만 해도 부서 간 갈등이 끊이지 않는 곳이었습니다. 하지만 지금은 직원들이 일하고 싶어 하는 회사가 되었죠. 그 변화의 시작은 아주 작은 일상의 습관에서 비롯되었습니다.

일상이 만드는 신뢰

> "처음에는 반신반의했어요. 바쁜 아침시간에 커피 마시며 잡담하는 게 무슨 의미가 있을까 싶었죠. 하지만 이런 소소한 대화 속에서 서로를 이해하게 되더라고요."

E 대표가 '아침 차 모임'을 시작한 것은 우연이었습니다. 어느 날 아침 일찍 출근했다가 야근하고 나온 직원과 커피를 마시며 이야기를 나누게 되었고, 그 대화에서 평소에는 알 수 없었던 회사의 문제점들을 발견하게 된 것이죠.

> "직원들은 제가 모르는 많은 것들을 알고 있었어요. 현장의 어려움, 부서 간의 오해들... 편안한 대화 속에서 이런 이야기들이 자연스럽게 나오더라고요."

오해가 쌓이기 전에

인사팀에서 20년간 근무한 F 직원은 작은 오해가 어떻게 큰 갈등으로 발전하는지 수없이 보았습니다. 그리고 그 과정에서 중요한 교훈을 얻었습니다.

> "사람들은 대부분 선의를 가지고 일을 합니다. 하지만 바쁘다 보면 그 선의가 제대로 전달되지 않죠. 상대방의 업무 스타일이나 성격을 이해하지 못한 채 자신의 기준으로만 판단하게 되고, 그렇게 오해가 쌓이기 시작합니다."

F 직원은 새로운 팀원이 올 때마다 팀원들의 업무 스타일과 선호하는 소통 방식을 미리 공유합니다.

> "어떤 사람은 메일로 소통하는 것을 선호하고, 어떤 사람은 직접 대화하기를 원해요. 또 어떤 사람은 전체적인 그림을 먼저 알아야 일을 잘하고, 어떤 사람은 구체적인 단계별 지시가 필요하죠. 이런 것들을 미리 알고 있으면 많은 오해를 줄일 수 있어요."

존중이 만드는 안전한 공간

서울의 한 고등학교에서 교감으로 일하는 G 선생님은 교실 안에서의 갈등 예방에 특별한 관심을 기울입니다.

> "아이들은 놀랍도록 예민합니다. 교사가 특정 학생을 차별하거나 무시하는 것처럼 보이면, 교실 전체의 분위기가 바뀌어 버려요. 그래서 저는 모든 교사들에게 강조합니다. '모든 학생의 존엄성을 지켜주세요'라고요."

G 선생님은 매주 '존중의 시간'이라는 특별한 시간을 만들었습니다. 이 시간에는 학생들이 자유롭게 자신의 생각과 감정을 표현할 수 있습니다.

> "처음에는 어색해했지만, 점차 자신의 이야기를 하기 시작했어요. 놀라운 것은 서로의 이야기를 들으면서 자연스럽게 이해와 배려가 생겨난다는 거예요. 이제는 따돌림이나 학교폭력 문제도 크게 줄었습니다."

작은 실천이 만드는 큰 변화

유치원을 운영하는 H 원장은 부모님들과의 갈등을 예방하는 특별한 방법을 찾았습니다.

> "매일 아이들의 활동 사진과 짧은 메시지를 보내드려요. 별거 아닌 것 같지만, 이런 소통이 신뢰를 만들더라고요. 문제가 생겼을 때도 서로 이해하고 해결하려는 자세가 달라졌습니다."

그녀는 특히 '긍정적인 것부터 말하기'를 강조합니다.

> "문제나 걱정거리를 이야기하기 전에, 먼저 아이의 좋은 점이나 발전한 모습을 이야기합니다. 그러면 부모님들도 마음을 열고 대화에 임하시더라고요."

일상의 작은 지혜들

이들의 경험에서 우리는 몇 가지 중요한 지혜를 발견할 수 있습니다. 갈등 예방은 거창한 프로그램이나 시스템에서 시작되는 것이 아니라, 일상의 작은 실천에서 비롯된다는 것입니다.

E 대표	아침 차 모임
F 직원	사전 소통 방식 공유
G 선생님	존중의 시간
H 원장	일상적 소통

위 4명이 실천을 한 활동은 모두 특별한 기술이나 자원이 필요하지 않은, 작은 실천들이라고 할 수 있습니다. 하지만 이런 작은 실천들이 모여 신뢰의 토대를 만

들고, 이해의 폭을 넓히며, 결국 갈등을 예방하는 튼튼한 울타리가 되는 것입니다.

관계를 돌보는 시간

갈등 예방의 핵심은 결국 '관계'에 대한 관심과 투자입니다. 문제가 발생하기 전에 서로를 이해하고, 신뢰를 쌓으며, 소통의 창구를 열어두는 것. 이것이 가장 효과적인 예방법이라는 것을 이들의 이야기는 보여주고 있습니다. 당신의 일상에서 실천할 수 있는 작은 습관은 무엇일까요? 가족, 동료, 이웃과의 관계에서 어떤 작은 변화를 시작할 수 있을까요? 때로는 가장 단순한 실천이 가장 큰 변화를 만들어내기도 합니다.

지금까지 우리는 다양한 사람들의 이야기를 통해 갈등을 바라보는 새로운 시각과 해결의 지혜를 살펴보았습니다. 그들의 경험은 우리에게 중요한 깨달음을 전해줍니다. 갈등은 피해야 할 대상이 아니라, 더 나은 관계와 성장을 위한 기회가 될 수 있다는 것입니다.

변화를 위한 액션플랜

이제 이 배움을 실천으로 옮길 차례입니다. 다음은 단계별 실천 계획표입니다.

기간	실천 목표	구체적 행동	점검 사항
1주차	갈등 상황 인식하기	·일상의 갈등 상황 기록하기 ·나의 감정 패턴 관찰하기	·하루에 한 번 이상 기록했나? ·감정의 원인을 찾아 보았나?
2주차	경청 훈련하기	·상대방 말 중간에 끊지 않기 ·상대의 입장에서 생각해보기	·적극적 경청을 실천했나? ·상대의 감정을 이해하려 노력했나?
3주차	대화 기술 연습하기	·'나' 전달법 사용하기 ·열린 질문하기	·비난하지 않고 표현했나? ·상대방의 생각을 물어 보았나?
4주차	관계 돌보기	·작은 친절 실천하기 ·긍정적인 피드백 나누기	·매일 한 가지 친절을 실천했나? ·긍정적 소통을 했나?

갈등 해결 여정 워크시트

다음 워크시트를 통해 자신의 갈등 해결 과정을 돌아보고 계획을 세워보세요.

영역	점검사항	나의 현재 모습	개선하고 싶은 부분
인식	·갈등을 어떻게 받아들이는가? ·주로 어떤 상황에서 갈등이 발생하는가?		
조절	·갈등 상황에서의 감정 반응은? ·감정 조절 방법은?		
방식	·주로 사용하는 대화 방식은? ·경청의 정도는?		
능력	·갈등 해결의 경험은? ·주로 사용하는 해결 방식은?		
관리	·평소 관계 유지 방식은? ·갈등 후 관계 회복 경험은?		

앞으로의 여정을 위한 마지막 이야기

> "처음에는 갈등 없는 삶을 꿈꾸었어요. 하지만 이제는 아닙니다. 중요한 것은 갈등이 없는 것이 아니라, 갈등을 통해 어떻게 성장하느냐는 거죠."

이 책에 등장한 모든 이야기의 주인공들이 전하는 공통된 메시지입니다. 갈등은 우리 삶의 자연스러운 부분이며, 그것을 통해 우리는 더 성숙한 인간으로 성장할 수 있습니다.

당신의 여정도 이제 시작됩니다. 이 책에서 배운 것들을 하나씩 실천해보세요. 때로는 실수도 하고 시행착오도 겪겠지만, 그 과정 자체가 의미 있는 성장이 될 것입니다.

갈등이 찾아올 때마다 기억하세요. 그것은 당신의 관계를 깨뜨리러 온 것이 아니라, 더 단단하게 만들어주러 온 기회일지도 모른다는 것을요. 지금 이 순간, 당신에게 찾아온 갈등은 어떤 메시지를 전하고 있나요? 그리고 그 메시지를 통해 당신은 어떻게 성장하고 싶으신가요? 이제 그 여정을 시작해보세요.

5부

갈등을 일으키는 성격

갈등을 일으키는 원인에 대해서 이번에는 성격으로 접근해 보겠습니다. 갈등을 주로 일으키는 성격들이 있으며, 그 10가지 성격은 다음과 같습니다.

완벽주의	피해의식
통제	수동공격
자기중심	과민반응
경쟁	비관
과도한 비판	회피

갈등의 근원을 더 깊이 들여다보면, 우리 자신의 성격 특성이 갈등을 촉발하거나 악화시키는 중요한 요인임을 발견하게 됩니다.

갈등을 일으키는 성격 특성들은 대개 우리가 세상과 타인을 바라보는 렌즈로 작용합니다. 완벽주의는 높은 기준을 통해 자신과 타인을 과도하게 평가하게 만들고, 피해의식은 타인의 의도를 부정적으로 해석하게 합니다. 통제 성향은 상황과 사람들을 지나치게 관리하려는 욕구로 이어지며, 수동공격적 태도는 직접적인 소통 대신 우회적인 방식으로 불만을 표현하게 합니다.

자기중심적 성향은 타인의 필요와 관점을 간과하게 하고, 과민반응은 작은 자극에도 불균형적인 감정 표현으로 이어집니다. 경쟁 성향은 협력보다 승패에 집중하게 만들며, 비관주의는 상황을 항상 최악으로 해석하는 경향을 보입니다. 과도한 비판은 관계에 부정적인 에너지를 쏟아붓고, 회피 성향은 필요한 대화와 해결을 미루게 합니다.

이러한 성격 특성들은 보통 우리의 과거 경험, 가족 역학, 그리고 자기 방어 메커니즘에서 비롯됩니다. 중요한 것은 이들이 고정된 운명이 아니라 인식과 노력을 통해 변화 가능한 패턴이라는 점입니다. 자신의 성격 특성을 이해하고 인정하는 것은 갈등 해결의 첫 단계입니다.

이 장에서는 갈등을 일으키는 10가지 주요 성격 특성을 깊이 탐구하며, 각 특성이 어떻게 관계 갈등으로 이어지는지, 그리고 이를 건설적으로 관리하는 방법에 대해 알아볼 것입니다. 자기 인식을 통해 우리는 갈등의 순환에서 벗어나 더 건강하고 만족스러운 관계를 구축할 수 있습니다. 자신의 모습을 솔직하게 들여다보는 용기를 가진다면, 그것이 바로 변화의 시작입니다.

완벽주의

완벽주의는 모든 것이 자신의 기준에 맞아야 직성이 풀리는 성격입니다. 다른 사람의 업무 방식이나 결과물을 과도하게 비판하는 경향이 있으며, 융통성이 부족하여 협업이 어렵습니다.

직장인 김서진씨는 최근 팀 프로젝트에서 심각한 갈등을 겪고 있습니다. 문제는 그가 가진 완벽주의적 성향 때문입니다. 동료들이 제출한 보고서의 작은 오타하나, 약간 어긋난 도표의 여백까지 지적하면서, 팀 분위기는 점점 경직되어 갔습니다. "이 정도면 충분하지 않나요?"라는 동료의 의견에도, 서진씨는 "더 완벽하게 만들 수 있을 텐데..."라며 쉽게 만족하지 못했습니다.

완벽주의는 이처럼 우리의 일상에서 크고 작은 갈등을 만들어냅니다. 높은 기준을 추구하는 것 자체는 문제가 되지 않습니다. 하지만 그것이 지나치면, 자신과 타인 모두를 지치게 만들 수 있습니다.

완벽주의적 성향은 하루아침에 생기는 것이 아닙니다. 대부분은 어린 시절부터 형성되기 시작합니다. "1등만 의미 있어", "실수는 실패야", "넌 늘 최고여야 해"와 같은 메시지들을 반복적으로 들으며 자란 사람들은 자연스럽게 완벽주의적 성향을 갖게 됩니다. 학창 시절 좋은 성적을 받기 위해 노력하는 과정에서, 또는 경쟁이 치열한 직장 생활 속에서 이러한 성향은 더욱 강화되기도 합니다.

회사에서 완벽주의자들은 종종 '까다로운 동료' 또는 '협업하기 어려운 사람'으로 여겨집니다. 마케팅 팀의 민지씨는 이렇게 말합니다.

> "우리 팀장님은 업무 결과물에 대한 기준이 너무 높아요. 수정에 수정을 거듭하다 보면 기한을 놓치기 일쑤고, 팀원들은 지치기만 합니다."

완벽주의자들은 대개 좋은 의도를 가지고 있습니다. '더 좋은 결과물을 만들고 싶다', '실수 없이 완벽하게 해내고 싶다'는 바람이 있죠. 하지만 이러한 의도가 지나치면 오히려 업무 효율성을 떨어뜨리고, 팀 전체의 사기를 저하시킬 수 있습니다.

완벽주의는 가정에서도 문제를 일으킵니다. 주부 이영미씨는 말합니다.

> "집이 항상 깨끗하고 정돈되어 있어야 마음이 편해요. 남편과 아이들이 조금만 어질러놓아도 스트레스가 되죠. 가족들과 자주 다투는 원인이 되더라고요."

자녀 교육에서도 완벽주의적 성향은 갈등을 일으킬 수 있습니다. 자녀의 작은 실수도 용납하지 못하고, 항상 최고의 결과만을 기대하는 부모의 태도는 자녀와의 관계를 어렵게 만들 수 있습니다.

완벽주의 다스리기

완벽주의를 극복하는 첫 걸음은 '충분히 좋은 것'과 '완벽한 것'의 차이를 이해하는 것에서 시작합니다. 모든 것이 100점일 필요는 없습니다. 80점이어도 충분히 가치 있는 결과물이 될 수 있다는 것을 인정하는 게 중요합니다.

IT 회사에서 일하는 박준영씨는 이런 변화를 겪었습니다.

> "예전에는 코드 하나하나가 완벽해야 한다고 생각했어요. 그러다 보니 프로젝트 진행이 늘 더뎠죠. 하지만 '완벽하진 않아도 작동하는 게 더 중요하다'는 동료의 조언을 듣고 생각이 바뀌었어요. 지금은 적정선에서 타협할 줄도 알게 되었습니다."

실수를 두려워하지 않고 받아들이는 연습도 필요합니다. 실수는 실패가 아니라 배움의 기회가 될 수 있습니다. 더 나은 결과를 위한 피드백으로 받아들이면, 오히려 성장의 발판이 될 수 있죠.

완벽주의의 긍정적인 측면을 살리면서 부정적인 영향은 줄이는 것, 이것이 바로 건강한 완벽주의의 모습입니다. 높은 기준과 열정을 가지되, 현실적인 제약과 한계도 인정할 줄 아는 태도가 필요합니다.

중요한 것은 이러한 변화가 하루아침에 이루어지지 않는다는 점입니다. 오랜 시간 동안 형성된 성향이기에 변화 역시 시간이 필요합니다. 작은 것부터 시작하는 것이 필요합니다. 오늘 하루는 동료의 의견을 더 열린 마음으로 듣기, 가족의 실수를 너그럽게 받아들이기, 나의 작은 실수도 웃으며 넘기기를 시도해보세요. 이런 작은 시도들이 모여 건강한 완벽주의로 나아가는 길이 될 것입니다.

피해의식

피해의식은 타인의 행동이나 말을 부정적으로 해석하는 경향이 있습니다. 의도하지 않은 상황도 자신을 겨냥한 것으로 받아들입니다. 작은 일에도 쉽게 상처받고 오래 기억합니다.

> "오늘 회의에서 팀장님이 나만 빼고 다들 칭찬했어요. 분명 저를 따돌리려는 의도가 있었을 거예요."

입사 3년차 정민수씨의 고민을 듣던 회사 선배가 물었습니다.

> "혹시 다른 팀원들이 먼저 업무 보고를 했던 건 아닐까요?"

잠시 생각해보니 자신이 마지막으로 보고를 했던 것이 떠올랐습니다. 하지만 민수씨는 여전히 찝찝한 마음을 떨칠 수 없었습니다.

피해의식은 마치 색안경과 같습니다. 무해한 상황도 부정적으로 보이게 만들고, 타인의 선의도 의심하게 만듭니다. 회사에서 동료들이 이야기를 나누다가 자신이 다가가면 조용해지는 것 같고, 카톡방에서 누군가 읽씹을 했다고 느껴지고, 친구가 약속에 늦은 것도 자신을 무시해서라고 생각하게 됩니다.

마케팅 팀의 김지연씨는 이런 경험을 들려줍니다.

> "새로운 프로젝트 팀이 꾸려질 때마다 불안해요. 제가 능력이 부족해서 선택된 게 아닐까, 실수하면 다른 사람들이 뒤에서 욕하지 않을까... 이런 생각에 잠을 못 이룰 때도 있어요. 나중에 알고 보면 그런 건 전혀 없었는데, 제 머릿속에서 혼자 만든 시나리오인 경우가 많았죠."

피해의식이 강한 사람들은 자신도 모르게 방어적인 태도를 취하게 됩니다. 누군가 친절을 베풀면 '왜 갑자기 잘해주지?' 하고 의심하고, 업무상 건설적인 피드백을 받아도 '날 무능력하다고 생각하나?' 라며 상처받습니다. 이런 반응은 결국 다른 사람들이 거리를 두게 만들고, 그것이 다시 피해의식을 강화하는 악순환으로 이어집니다.

대기업에서 인사팀장으로 일하는 박성민씨는 이렇게 말합니다.

> "신입사원 중에 피해의식이 강한 직원이 있었어요. 업무를 가르쳐주려고 해도 '제가 못하는 것 같죠?'라며 방어적이 되곤 했죠. 점점 팀원들이 그 직원에게 피드백 주는 것을 부담스러워했고, 결국 그 직원은 더욱 고립되어갔습니다."

피해의식은 가까운 사이일수록 더 큰 문제를 일으킵니다. 연인 관계에서는 "다른 사람과 연락하는 걸 보니 나는 별로인가 봐", 가족 관계에서는 "엄마는 언니만 예뻐해"와 같은 생각들이 관계를 해치게 됩니다.

결혼 5년차 주부 이미라씨의 이야기입니다.

> "남편이 퇴근 후 피곤해 보이면 '나랑 있는 게 힘든가?'라고 생각했어요. 시댁에 방문할 때도 시어머니가 다른 며느리 얘기를 하시면 저를 비교하시는 것 같아 마음이 불편했죠. 나중에 알고 보니 제가 너무 예민하게 생각했던 거더라고요."

피해의식이 생기는 데는 여러 이유가 있습니다. 어린 시절의 상처, 반복된 실패 경험, 낮은 자존감 등이 원인이 될 수 있습니다. 특히 과거에 실제로 부당한 대우나 차별을 경험한 경우, 비슷한 상황에서 과도한 방어 기제가 작동하기도 합니다.

피해의식은 일종의 자기 보호 기제입니다. 먼저 상처

받을까 봐 방어적이 되는 것입니다. 하지만 이런 태도가 오히려 더 큰 고립과 상처를 만들어낼 수 있습니다.

피해의식 벗어나기

피해의식을 극복하는 첫 단계는 자신의 생각이 현실인지 확인해보는 것입니다. "정말 그럴까?", "다른 가능성은 없을까?"라고 스스로에게 물어봐야 합니다. 객관적인 증거 없이 자신의 추측만으로 상황을 판단하고 있지는 않은지 돌아보는 것이 중요합니다.

IT 회사의 최준호씨는 자신의 경험을 이렇게 나눕니다.

> "동료들이 자신들끼리만 친하다고 생각했어요. 어느 날 용기를 내서 점심 같이 먹자고 했더니 흔쾌히 응해주더라고요. 알고 보니 제가 먼저 다가가기를 기다리고 있었던 거였어요."

피해의식에서 벗어나는 것은 쉽지 않은 과정입니다. 하지만 불가능한 것도 아닙니다. 타인의 행동을 있는 그대로 받아들이고, 선의를 믿어보는 것부터 시작해야 합니다. 때로는 전문가의 도움을 받는 것도 좋은 방법입니다.

가장 중요한 것은 자신을 너무 몰아세우지 않는 것입니다. 완벽한 변화를 기대하기보다는, 작은 성공의 경험들을 쌓아가는 것이 중요합니다. 오늘 하루는 동료의 피드백을 열린 마음으로 들어보기, 친구의 지각에 다른 이유가 있을 수 있다고 생각해보기 등 작은 것부터 시작해 보는 것이 필요합니다. 이런 작은 변화들이 모여 더 건강하고 행복한 관계로 이어질 것입니다.

통제

모든 상황을 자신이 주도하려는 욕구가 강한 통제적인 성격은 다른 사람의 자율성을 인정하지 않습니다. 지나친 간섭과 감독으로 갈등을 유발하게 됩니다.

> "이건 이렇게 하고, 저건 저렇게 해야 해요. 제가 말씀드린 대로만 하시면 실수 없이 잘 될 거예요."

신입사원 교육을 맡은 차과장은 항상 이런 식으로 말합니다. 그의 방식이 틀린 것은 아니지만, 너무 세세한 부분까지 통제하려 드는 바람에 신입사원들은 숨이 막힌다고 느낍니다. 자신만의 방식을 시도해볼 기회조차 주어지지 않기 때문입니다.

통제적인 성격의 사람들은 대부분 좋은 의도를 가지고 있습니다. '실수를 방지하고 싶다', '최상의 결과를 만들어내고 싶다', '문제가 생기지 않았으면 좋겠다'는 바람이죠. 하지만 이런 의도가 지나치면 오히려 관계를 악화시키고 성과를 저해하는 결과를 낳게 됩니다.

디자인 회사 팀장인 김민서씨의 이야기를 보겠습니다.

> "처음에는 팀원들의 실수를 막기 위해서였어요. 제가 다 체크하고 확인하면 실수를 줄일 수 있을 거라 생각했죠. 하지만 점점 팀원들은 수동적이 되어갔고, 창의적인 아이디어도 줄어들었어요. 나중에는 사소한 결정도 저에게 물어보는 상황이 되었습니다."

통제적 성향은 가정에서 더 큰 문제를 일으킬 수 있습니다. 주부 이영희씨는 자신의 경험을 이렇게 털어놓습니다.

> "남편과 아이들의 생활 습관을 바꾸고 싶었어요. 옷은 이렇게 개야 하고, 신발은 이렇게 벗어야 하고... 매일 잔소리를 했죠. 어느 순간 가족들이 저를 피하는 것 같았어요. 나중에 알고 보니 집에 오는 것이 스트레스였대요."

자녀 교육에서도 통제적 성향은 자주 나타납니다. "공부는 이렇게 해야 해", "친구는 이런 애들하고만 사귀어야 해"라며 자녀의 모든 것을 통제하려 드는 부모의 모습은 흔히 볼 수 있죠. 하지만 이런 태도는 자녀의 자율성과 창의성을 저해하고, 부모-자녀 관계를 악화시키는 결과를 낳습니다.

신입사원 박지민씨는 통제적인 상사 때문에 고민입니다.

> "모든 일을 상사의 방식대로만 해야 해요. 조금이라도 다르게 하면 혼나니까 새로운 시도를 할 용기가 나지 않아요. 점점 일에 대한 흥미도 떨어지고, 자신감도 없어져요."

이처럼 통제적인 태도는 상대방의 자율성과 창의성을 억누르고, 결과적으로 성장을 방해합니다. 더 큰 문제는 이것이 악순환을 만든다는 점입니다. 통제를 받는 사람은 점점 수동적이 되고, 이는 다시 통제하는 사람의 불안을 자극해 더 강한 통제로 이어지게 됩니다.

통제적인 성향의 밑바탕에는 대개 불안이 자리 잡고 있습니다. '내가 통제하지 않으면 일이 잘못될 것 같은 불안', '다른 사람을 믿지 못하는 불안'입니다. 때로는 어린 시절의 불안정한 경험이 영향을 미치기도 합니다. 불확실성을 견디지 못하는 성격도 한 요인이 될 수 있습니다. 모든 것이 예측 가능하고 통제 가능한 상태이기를 바라는 마음이 지나치면, 자연스럽게 통제적인 행동으로 이어지게 됩니다.

통제적 성향 개선하기

IT 기업의 이상철 부장은 자신의 변화 경험에 대해서 다음과 같이 말했습니다.

> "예전에는 팀원들의 모든 업무를 체크하고 간섭했어요. 하지만 어느 순간 깨달았죠. 제가 믿지 않으니 팀원들도 성장하지 못한다는 것을요. 조금씩 권한을 위임하기 시작했고, 놀랍게도 팀원들은 제가 생각한 것보다 훨씬 잘해냈습니다."

통제적인 성향을 개선하기 위한 첫 단계는 '완벽한 통제는 불가능하다'는 것을 받아들이는 것입니다. 모든 것을 통제하려 하기보다는, 적절한 수준의 가이드라인을 제시하고 상대방의 자율성을 존중하는 것이 더 효과적입니다.

통제적인 성향을 바꾸는 것은 쉽지 않지만 불가능한 것도 아니니 다음과 같은 작은 실천부터 시작해보자.

> "오늘은 팀원의 업무 방식을 있는 그대로 지켜보자"
>
> "가족들의 의견을 먼저 물어보고 경청하자"
>
> "모든 것이 내 방식대로일 필요는 없다는 것을 받아들이자"

이러한 작은 변화들이 모여 더 건강하고 신뢰 있는 관계로 발전할 수 있습니다. 때로는 통제를 놓는 것이 더 나은 결과를 가져올 수 있다는 것을 기억해야 합니다. 우리 모두는 서로를 신뢰하고 존중할 때 가장 큰 성장을 이룰 수 있습니다.

수동공격

직접적인 갈등을 피하면서 간접적으로 적대감을 표현하는 수동공격적인 성격은 뒤에서 험담하거나 소극적 저항을 보입니다. 약속된 일을 의도적으로 지연시키기도 합니다.

> "네, 알겠습니다. 팀장님 말씀대로 하죠."

회의실을 나서는 김대리의 표정이 좋지 않습니다. 자신의 의견이 받아들여지지 않았지만, 겉으로는 순순히 수긍하는 척했습니다. 하지만 그 뒤로 그는 마감일에 임박해서 일을 하거나, 팀장이 요청한 자료를 '깜빡했다'며 늦게 제출하는 등의 방식으로 자신의 불만을 간접적으로 표현했습니다.

수동공격적인 사람들은 직접적인 갈등을 피하면서도 자신의 불만이나 분노를 우회적인 방식으로 표현합니다. 겉으로는 "그래요, 좋아요"라고 말하지만, 실제로는 약속을 지키지 않거나, 일부러 늑장을 부리거나, 빈정거리는 말로 상대방을 불편하게 만듭니다.

마케팅 회사 박과장의 경험입니다.

> "신입사원 한 명이 있었어요. 업무 지시를 하면 항상 '네, 알겠습니다'라고 했지만, 실제로는 자기 방식대로만 했죠. 지적을 하면 '아, 그렇게 하라고 하셨나요? 제가 잘못 이해했네요'라며 모르는 척했습니다. 직접적으로 반발하지는 않아서 더 대응하기가 어려웠어요."

수동공격적 행동은 직장에서 특히 많이 나타납니다. 권위적인 조직문화에서는 직접적인 의견 충돌이 부담스럽기 때문에, 많은 사람들이 이런 우회적인 방식을 선택하게 됩니다.

> 회의 때마다 침묵하다가 나중에 뒤에서 불만을 토로하기
>
> 중요한 정보를 적절한 시기에 공유하지 않기
>
> 상사의 제안에 겉으로는 동의하면서 실제로는 전혀 다르게 일하기
>
> '실수했어요'라며 일부러 엉뚱한 결과물 내기

이런 행동들은 모두 수동공격적 성향의 전형적인 예시입니다.

연구원 이지현씨의 남편은 퇴근 후 친구들과 술자리를 가졌습니다. 아내가 섭섭한 마음을 표현하자, 그는 "당신이 싫다고 한 적 없잖아"라고 말했습니다. 하지만 그 뒤로 아내가 친구들과 약속을 잡을 때마다 '피곤하다', '머리가 아프다'며 짜증을 내는 방식으로 불만을 표현했죠.

 가족 관계에서도 수동공격적 행동은 자주 나타납니다. "알았어, 네 맘대로 해"라고 말한 뒤 며칠 동안 쌀쌀맞게 구는 배우자, 부모의 잔소리가 싫어서 일부러 전화를 받지 않는 자녀, 시댁 일에 겉으로는 순응하는 척하면서 뒤에서 불만을 토로하는 며느리 등의 모습으로 나타납니다.

 수동공격적 행동의 근본에는 보통 자신의 감정을 직접적으로 표현하는 것에 대한 두려움이 있습니다. 어린 시절 가정에서 분노나 불만의 직접적인 표현이 금지되었거나, 갈등 상황에서 적절한 대처 방법을 배우지 못한 경우가 많습니다.

 또한 권위적인 문화나 위계질서가 강한 조직에서는, 직접적인 의견 충돌이 자신에게 불이익을 가져올 수 있다는 두려움 때문에 수동공격적 행동이 하나의 생존 전략이 되기도 합니다.

 IT 기업의 윤부장은 이렇게 말합니다.

> "팀원 중 한 명이 항상 이런 식이었어요. 직접적으로 반대 의견을 말하지 않고 뒤에서 불만을 표출하니, 팀 전체의 분위기가 나빠졌죠. 무엇보다 신뢰 관계가 깨지는 게 가장 큰 문제였습니다."

수동공격적 행동은 겉으로 드러나는 갈등은 피할 수 있을지 모르지만, 장기적으로는 더 큰 문제를 만들어 냅니다. 신뢰가 무너지고, 진정한 소통이 불가능해지며, 결국에는 관계가 악화되는 결과를 가져옵니다.

수동공격 벗어나기

수동공격적 행동을 바꾸기 위한 첫 걸음은 자신의 감정을 인정하는 것입니다. 화가 났다면 화가 났다고, 섭섭하다면 섭섭하다고 인정해야 합니다. 그리고 그 감정을 건설적인 방식으로 표현하는 방법을 배워나가야 합니다.

인사팀 과장 정수진씨는 자신의 변화 경험을 이렇게 나눕니다.

> "예전에는 상사의 부당한 요구에 겉으로는 '네'라고 하고 뒤에서 불만을 표출했어요. 지금은 '이런 방식으로 하면 어떨

> 까요?'라고 대안을 제시하거나, '이 부분이 걱정됩니다'라고 솔직하게 말하려고 노력합니다. 처음에는 어색했지만, 오히려 관계가 더 좋아졌어요."

수동공격적인 행동 패턴을 바꾸는 것은 쉽지 않습니다. 하지만 다음과 같은 작은 실천으로 시작해볼 수 있습니다.

자신의 감정을 일기나 메모로 정리해보기
신뢰하는 사람에게 솔직한 감정 표현 연습하기
건설적인 피드백 방법 배우기
필요하다면 전문가의 도움 받기

우리 모두는 더 건강한 방식으로 소통하는 법을 배울 수 있습니다. 당장은 어색하고 불편하더라도, 이러한 노력들이 결국 더 신뢰 있는 관계를 만드는 밑거름이 될 것입니다.

자기중심

자기중심적인 사람은 타인의 관점이나 감정을 고려하지 않습니다. 자신의 필요와 욕구만을 중요시하기 때문에 공동의 이익보다 개인의 이익을 우선시합니다.

> "우리 팀 회식은 내가 좋아하는 삼겹살집으로 가죠. 다들 좋아하잖아요?"

이 말을 던진 송과장은 팀원 중 채식주의자가 있다는 사실을 전혀 고려하지 않았습니다. 다른 팀원이 한식당을 제안했지만, 그는 자신의 의견을 고수했습니다. 이런 일이 반복되면서 팀원들은 점점 회식을 부담스러워하기 시작했습니다.

자기중심적인 사람들의 가장 큰 특징은 모든 상황을 자신의 관점에서만 바라본다는 것입니다. 마치 세상이 자신을 중심으로 돌아가야 한다고 생각하는 것처럼 보입니다.

광고회사 디자이너 박지은씨는 이런 경험을 들려줍니다.

> "우리 팀장님은 자신의 일정이 전부예요. 다른 사람들의 개인적인 일정은 전혀 고려하지 않죠. 밤 10시에 갑자기 연락해서 다음 날 아침까지 작업을 요구하기도 하고, 주말에 긴급 회의를 소집하면서 '다들 시간 되죠?'라고 물어보는 척만 할 뿐이에요."

대기업 임원인 김부장의 사례를 보겠습니다. 그는 자신의 성과를 높이기 위해 다른 부서와의 협업을 거부하곤 했습니다.

> "우리 부서가 잘하면 되죠. 다른 부서 일에 신경 쓸 여유가 없어요."

이런 태도는 결국 회사 전체의 성과를 저해했고, 다른 부서와의 관계도 악화시켰습니다.

팀 프로젝트에서도 자기중심적 성향은 큰 문제를 일으킵니다. 자신의 아이디어만 고집하고, 다른 사람의 제안은 듣지 않으며, 공동의 성과보다 개인의 공을 내세우려 하는 모습은 팀워크를 해치는 주된 원인이 됩니다.

가정에서의 자기중심적 행동은 더 깊은 상처를 남깁니다. 결혼 7년차 주부 이미영씨의 말합니다.

> "남편은 자기 부모님 일은 매우 중요하게 생각하면서, 제 부모님 일은 늘 후순위예요. 심지어 제가 아플 때도 자기 업무가 바쁘다며 병원에 동행하지 않더니, 자기가 감기에 걸리면 제가 회사 휴가까지 내서 간호해주기를 바라죠."

자녀 교육에서도 자기중심적인 부모의 모습을 흔히 볼 수 있습니다. "너는 내 자식이니까 내가 원하는 대로 해야 해"라는 식의 태도는 자녀의 개성과 자율성을 무시하고, 부모의 욕심을 투영하는 전형적인 예시입니다.

어린 시절 과도한 관심과 칭찬을 받고 자란 경우, 또는 반대로 충분한 인정과 지지를 받지 못해 강한 자기애가 발달한 경우에 자기중심적 성향이 나타날 수 있습니다. 때로는 과도한 경쟁 사회에서 살아남기 위한 방어기제로 발달하기도 합니다.

자기중심적 성향은 모든 관계에 균열을 만듭니다. IT 회사의 최대리의 말을 보겠습니다.

> "처음에는 그저 자기주장이 강한 동료라고만 생각했어요. 하지만 시간이 지날수록 그의 주변에서 사람들이 하나둘씩 멀어지는 걸 볼 수 있었죠. 누구도 자신의 입장만 고집하는 사람과는 오래 일하고 싶어 하지 않더라고요"

자기중심적 성향 개선하기

자기중심적 성향을 개선하기 위한 첫 단계는 타인의 관점을 이해하려 노력하는 것입니다. 한 제약회사 영업부장은 자신의 변화 경험을 다음과 같이 말했습니다.

> "예전에는 내 실적만 생각했어요. 하지만 어느 날 한 후배가 저에게 솔직하게 이야기를 해주었죠. 그때부터 조금씩 달라지려 노력했습니다. 팀원들의 상황을 먼저 물어보고, 그들의 의견을 경청하려 노력했더니, 오히려 팀 전체의 성과가 더 좋아졌어요."

자기중심적 성향을 개선하기 위해서는 다음과 같은 작은 실천들이 도움이 될 수 있습니다.

대화할 때 상대방의 말을 끝까지 듣기
결정을 내리기 전에 다른 사람의 입장 생각해보기
매일 저녁 자신의 행동 돌아보기
'우리'라는 관점에서 생각하는 연습하기

이러한 노력들이 쌓이면, 점차 더 균형 잡힌 관계를 만들어갈 수 있습니다. 자신만의 세계에서 벗어나 타인과 함께하는 더 큰 세상을 경험하게 될 것입니다.

과민반응

과민반응은 작은 자극에도 과도하게 반응하는 것으로, 감정 조절에 어려움을 겪습니다. 상황을 객관적으로 보지 못하고 감정적으로 대응하는 모습을 보입니다.

> **"실수하셨네요."**

이 한마디에 신입사원 민지씨의 얼굴이 붉어졌습니다. 단순한 엑셀 수식 오류였지만, 마치 큰 잘못이라도 저지른 것처럼 가슴이 뛰고 손이 떨렸습니다. 그날 이후 민지씨는 모든 업무를 지나치게 꼼꼼하게 확인하느라 퇴근 시간이 늦어졌고, 동료들의 별 뜻 없는 말 한마디에도 예민하게 반응하기 시작했습니다.

과민반응적인 사람들은 일상적인 상황에서도 강한 정서적 반응을 보입니다. 회사에서 흔히 일어나는 피드백, 친구와의 가벼운 농담, 가족들의 평범한 말 한마디가 그들에게는 큰 스트레스가 됩니다.

마케팅 회사 김과장의 경험입니다.

> "팀원 중 한 명이 모든 상황을 너무 심각하게 받아들여요. 업무 지시를 할 때도 조심스럽게 말해야 하고, 약간의 피드백에도 크게 상처받는 것 같아서 다들 어떻게 대해야 할지 몰라 힘들어합니다."

업무 환경에서 과민반응은 특히 큰 문제가 됩니다. 대기업에서 일하는 박부장의 이야기를 들어보겠습니다.

> "회의 중에 한 팀원이 제 의견에 살짝 이의를 제기했는데, 그 순간 머릿속이 하얘지면서 심장이 빠르게 뛰기 시작했어요. 이후로는 회의 때마다 발언하는 것이 두려워졌죠."

이런 반응은 업무 수행에도 영향을 미칩니다. 실수에 대한 지나친 두려움으로 인해 의사결정이 늦어지고, 동료들과의 소통이 줄어들며, 결과적으로 업무 효율성이 떨어지게 됩니다.

카페 매니저 이수진씨는 말합니다. "손님이 '커피가 좀 싱거운데요'라고 하셨는데, 그날 하루 종일 그 말이 머릿속에서 맴돌았어요. 다음부터는 오히려 너무 진하게 내리게 되고... 결국 다른 손님들께서 '너무 써요'라는 피드백을 주시더라고요."

친구 관계에서도 과민반응은 문제가 됩니다. "오늘 좀 피곤해 보인다"는 친구의 걱정 어린 말에도 '내가 못생겨 보이나?', '무슨 일 있냐고 물어보는 게 날 의심하는 건가?' 하는 식으로 해석하며 불필요한 걱정과 스트레스를 만들어냅니다.

결혼 3년차 정민우씨의 이야기입니다.

> "아내가 '오늘 저녁 뭐 먹을까?'라고 물었는데, 저는 그 말에서 '당신은 왜 메뉴를 정하지 않느냐'는 비난을 느꼈어요. 사소한 대화조차 감정적으로 받아들이다 보니 부부 관계가 점점 멀어지는 것 같아요."

자녀와의 관계에서도 과민반응은 문제를 일으킵니다. 아이의 투정이나 반항을 지나치게 심각하게 받아들여 과도하게 반응하거나, 다른 부모와 자신의 아이를 끊임없이 비교하며 불안해하는 모습을 보입니다.

과민반응의 배경에는 대개 깊은 불안이나 자존감 문제가 자리 잡고 있습니다. 어린 시절의 부정적 경험, 지나친 비교와 평가에 노출된 경험, 또는 완벽주의적 성향이 과민반응으로 이어지는 경우가 많습니다.

과민반응 개선하기

IT 회사의 서진아씨는 자신의 변화 경험을 이렇게 나눕니다.

> "전에는 모든 피드백을 비판으로 받아들였어요. 하지만 상담을 통해 '피드백은 나를 더 성장시키는 도구'라는 관점을 배웠죠. 지금은 심호흡을 하면서 '이것은 나에 대한 공격이 아니라 도움을 주기 위한 것'이라고 생각하려 노력합니다."

과민반응을 조절하기 위해서는 다음과 같은 실천이 도움이 될 수 있습니다.

상황을 객관적으로 바라보는 연습하기
감정이 올라올 때 잠시 멈추고 심호흡하기
다양한 해석 가능성을 생각해보기
필요하다면 전문가의 도움 받기

이러한 노력들은 하루아침에 효과를 보기는 어렵습니다. 하지만 꾸준한 연습을 통해 점차 더 건강한 방식으로 상황에 반응할 수 있게 될 것입니다. 때로는 우리의 예민함이 세심함과 공감능력으로 이어질 수 있다는 점을 기억하면서, 이를 긍정적인 방향으로 활용하는 것도 중요합니다.

경쟁

모든 상황을 승패의 관점으로 바라보는 경쟁적인 성격은 협력보다는 경쟁을 선호합니다. 타인의 성공을 자신의 실패로 인식하는 경향이 있습니다.

> "우리 팀 신입사원이 상당히 우수하다고들 하던데…"

이 말을 들은 정대리의 얼굴이 굳어집니다. 5년차 중견사원인 그는 새로 들어온 신입사원이 자신의 자리를 위협할 수 있다는 생각에 불안해지기 시작했습니다. 그날부터 그는 신입사원의 작은 실수도 놓치지 않고 지적하기 시작했고, 자신의 업무 노하우는 절대 공유하지 않았습니다.

경쟁적인 성격의 사람들은 일상의 모든 상황을 승패의 관점으로 바라봅니다. 회사에서의 업무 성과, 동료와의 관계, 심지어 일상적인 대화까지도 누가 더 나은지 비교하게 됩니다.

광고회사 크리에이티브 디렉터 김상우씨의 경험입니다.

> "회의 때마다 제 아이디어가 채택되지 않으면 견딜 수가 없었어요. 다른 사람의 좋은 제안에도 굳이 반박을 하고, 때로는 아이디어를 의도적으로 깎아내리기도 했죠. 나중에야 깨달았지만, 그런 제 모습이 팀 전체의 창의성을 저해하고 있었던 거예요."

대기업 영업부의 이부장은 자신의 팀원들이 실적을 올리는 것조차 불편해했습니다.

> "팀원들의 성공이 곧 나의 실패처럼 느껴졌어요. 그들이 인정받는 모습을 보면 마치 제가 평가절하되는 것 같았죠."

이러한 태도는 결국 팀 전체의 성과를 저해했고, 조직의 분위기도 악화시켰습니다. 다음은 한 스타트업 최과장의 말입니다.

> "우리 회사에 경쟁만을 강조하는 직원이 있었어요. 협업이 필요한 프로젝트에서도 늘 자신의 성과만을 부각시키려 했죠. 결국 아무도 그 사람과 일하기를 원하지 않게 되었고, 좋은 프로젝트에서 제외되는 일이 반복됐습니다."

경쟁적 성향은 친구 관계에서도 문제를 일으킵니다.

친구의 성공을 진심으로 축하하지 못하고, 늘 비교하며 스트레스를 받습니다. SNS에서 친구들의 행복한 소식을 보면 우울해지고, 자신의 게시물이 받는 '좋아요' 수까지 경쟁의 대상으로 삼습니다.

30대 직장인 박지영씨는 고백합니다.

> "친구가 승진했다는 소식을 들으면 축하보다는 초조함이 먼저 들었어요. 결혼, 출산, 이직 등 친구들의 인생 이벤트가 모두 저를 압박하는 요소로 다가왔죠. 그러다 보니 점점 친구들과 멀어지게 되었어요."

가정에서의 경쟁심은 더 복잡한 문제를 야기합니다. 자녀의 성적이나 특기를 다른 아이들과 끊임없이 비교하는 부모, 형제자매 간의 성공을 경쟁의 대상으로 보는 시각은 가족 관계를 해치는 주된 원인이 됩니다.

두 아이의 엄마인 이미라씨는 말합니다.

> "처음에는 아이들의 동기부여를 위해서라고 생각했어요. 하지만 두 아이를 계속 비교하고 경쟁시키다 보니, 아이들이 서로를 라이벌로 여기게 되었고 우애가 멀어지는 걸 느꼈습니다."

과도한 경쟁심의 배경에는 대개 인정받고 싶은 욕구

와 불안감이 있습니다. 어린 시절부터 경쟁에서의 승리만이 가치 있다고 배워온 경우, 또는 조건적 사랑을 경험한 경우에 이러한 성향이 강화될 수 있습니다.

경쟁 개선하기

IT 기업의 박대표는 자신의 변화 경험을 이렇게 나눕니다.

> "경쟁에서 이기는 것만이 성공이라고 생각했어요. 하지만 시간이 지나면서 깨달았죠. 진정한 성공은 함께 성장하는 것이라는 걸요. 이제는 직원들의 성장이 회사의 성장으로 이어진다는 것을 알게 되었습니다."

과도한 경쟁심을 조절하기 위해서는 다음과 같은 실천이 도움이 될 수 있습니다.

타인의 성공을 축하하는 연습하기
'함께'의 가치를 인정하기
자신만의 고유한 가치 찾기
경쟁이 아닌 성장에 초점 맞추기

이러한 변화는 시간이 걸리는 과정입니다. 하지만 한 걸음씩 나아간다면, 더 건강하고 풍요로운 관계를 만들어갈 수 있을 것입니다. 경쟁이 때로는 성장의 동력이 될 수 있지만, 그것이 관계의 전부가 되어서는 안 된다는 점을 기억하는 것이 중요합니다.

비관주의

비관주의는 항상 최악의 상황을 가정합니다. 새로운 시도나 변화를 부정적으로 바라봅니다. 다른 사람의 제안이나 의견에 대해 즉각적인 반대를 표명하기도 합니다.

> "이번 프로젝트도 어차피 잘 안 될 거예요."

새로운 업무가 시작될 때마다 이과장은 항상 이런 말부터 꺼냅니다. 성공 가능성이 높은 프로젝트도 그에게는 실패의 위험이 가득한 도전으로만 보입니다. 팀원들이 긍정적인 의견을 내놓아도 "그게 될 리가 없어요"라며 가능한 모든 실패 시나리오를 늘어놓습니다.

비관적인 사람들은 세상을 마치 회색 렌즈를 통해 보는 것처럼 모든 상황의 부정적인 면에 집중합니다. IT 회사의 개발자 김민수씨는 이렇게 말합니다.

> "새로운 기술을 도입하자는 제안이 있으면, 저는 항상 실패 가능성부터 생각해요. 다른 팀원들은 이런 제 모습 때문에 저를 '미스터 NO'라고 부르죠."

HR팀 박부장의 이야기입니다.

> "우리 팀에 한 직원이 있는데, 늘 최악의 상황만 예상해요. 신규 직원 채용을 논의할 때도 '곧 경기가 안 좋아질 텐데요', '이 사람도 곧 퇴사할 거예요' 같은 말만 합니다. 처음에는 신중한 태도라고 생각했지만, 시간이 지날수록 업무 진행이 너무 더뎌지고 팀의 사기도 떨어지더라고요."

비관적 성향은 종종 자기 성취적 예언이 되기도 합니다. 마케팅 회사의 이대리는 '어차피 안 될 거야'라는 생각으로 프레젠테이션을 준비했고, 그 부정적인 에너지가 고스란히 발표에 반영되어 결국 좋지 않은 결과를 얻게 되었습니다.

비관적 성향은 친구 관계에도 영향을 미칩니다. 30대 직장인 정미영씨는 친구들과의 모임에서 항상 부정적인 이야기만 하다 보니, 점점 초대를 받지 못하게 되었습니다.

> "취업, 결혼, 육아... 친구들의 어떤 이야기에도 부정적인 면만 이야기하게 돼요. 나중에 알고 보니 제 말 때문에 의욕을 잃은 친구들도 있었더라고요."

가정에서의 비관적 태도는 더 깊은 문제를 만듭니다. 두 아이의 아버지인 최상철씨의 이야기입니다.

> "아이들의 장래에 대해 걱정이 너무 많아요. 의대를 가고 싶다는 큰아이에게 '너무 힘들 텐데…'라고 말했더니, 아이가 꿈을 포기했다는 걸 나중에 알았습니다. 제 걱정이 아이들의 가능성을 제한하고 있었던 거죠."

배우자와의 관계에서도 비관적 성향은 문제를 일으킵니다. "이사를 가면 새로운 동네에서 적응 못할 거야", "직장을 옮기면 더 안 좋을 수 있어" 등의 끊임없는 부정적 전망은 가족의 새로운 도전과 성장을 가로막습니다.

비관적 성향은 종종 과거의 실패 경험이나 상처로부터 시작됩니다. 예상치 못한 실패나 상처를 경험한 후, 이를 방어하기 위한 심리적 기제로 발달하는 경우가 많죠. '미리 최악을 예상하면 덜 실망할 수 있다'는 생각이 습관이 된 것입니다.

비관주의 개선하기

IT 스타트업 창업자 장미란씨는 자신의 변화 경험을 다음과 같이 말했습니다.

> "처음 창업할 때는 모든 게 불안하고 걱정됐어요. 하지만 실제로 부딪혀보니, 예상했던 최악의 상황은 거의 일어나지 않

더라고요. 오히려 제 비관적인 태도가 도전을 망설이게 만드는 가장 큰 장애물이었다는 걸 깨달았습니다."

비관적 성향을 개선하기 위해서는 다음과 같은 실천이 도움이 될 수 있습니다.

현재 상황의 긍정적인 면도 찾아보기
과거의 성공 경험을 기억하기
'최악의 시나리오'에 대한 객관적 검증하기
작은 도전부터 시작하여 성공 경험 쌓기

이러한 변화는 하루아침에 이루어지지 않습니다. 중요한 것은 한 걸음씩 앞으로 나아가는 것입니다. 실패의 가능성을 완전히 무시할 필요는 없지만, 성공의 가능성도 동등하게 바라보는 균형 잡힌 시각을 갖추는 것이 중요합니다.

비관적 시각이 때로는 위험을 미리 예측하고 대비하는 데 도움이 될 수 있습니다. 하지만 그것이 삶의 전부가 되어서는 안 됩니다. 적절한 균형을 찾아가는 과정에서, 우리는 더 풍요롭고 만족스러운 관계와 삶을 만들어갈 수 있을 것입니다.

과도한 비판

과도하게 비판적인 사람은 타인의 장점보다 단점을 찾는데 집중합니다. 건설적인 피드백이 아닌 비난하는 형태의 의견을 제시합니다. 작은 실수도 크게 지적하는 경향이 있습니다.

> "이건 왜 이렇게 했어요? 저렇게 하는 게 더 나았을 텐데..."

신입사원의 첫 프레젠테이션이 끝나자마자 임과장이 던진 말입니다. 발표자의 노력을 인정하는 말은 한마디도 없이, 20분 동안 개선점만 늘어놓았습니다. 회의실을 나서는 신입사원의 어깨가 처져있었고, 다른 팀원들의 표정도 불편해 보였습니다.

과도하게 비판적인 사람들은 마치 돋보기를 든 것처럼 다른 사람의 실수나 단점을 쉽게 발견합니다. 광고회사 크리에이티브 디렉터 박상민씨는 이런 경험을 들려줍니다.

> "처음에는 완벽을 추구하는 프로정신이라고 생각했어요. 하지만 시간이 지날수록 제 끝없는 비판이 팀원들의 창의성을 죽이고 있다는 걸 깨달았습니다."

IT 회사의 김부장은 자신의 팀에서 가장 실력 있는 개발자로 알려져 있습니다. 하지만 그의 날카로운 코드 리뷰는 악명높기로 유명했죠. "이런 초보적인 실수를 어떻게 할 수 있지?", "이 코드는 완전 쓰레기네요" 같은 신랄한 비판은 동료 개발자들의 자신감을 심각하게 훼손합니다.

한 마케팅 회사의 최대리는 말합니다.

> "우리 팀에 매사에 비판적인 동료가 있어요. 그 사람의 지적이 틀린 것은 아닌데, 늘 부정적인 면만 지적하다 보니 아무도 자발적으로 의견을 내지 않게 되었어요. 회의 시간이 두려워질 정도예요."

과도한 비판은 친구 관계도 힘들게 만듭니다. 30대 직장인 이미라씨는 자신의 솔직한 성찰을 들려줍니다.

> "친구들의 연애나 결혼 이야기를 들으면 문제점부터 찾게 돼요. '그 사람 성격이 좀 이상한 것 같은데?', '결혼은 좀 더

> 신중하게 생각해봐야 하지 않을까?' 이런 식이죠. 나중에 보니 친구들이 저에게 속마음을 털어놓는 걸 꺼리더라고요."

가정에서의 비판적 태도는 더 깊은 상처를 남깁니다. 세 아이의 어머니인 정수현씨는 자신의 깨달음을 이렇게 나눕니다.

> "완벽한 엄마가 되고 싶어서 아이들의 잘못을 즉각적으로 지적했어요. 숙제는 왜 이렇게 했니, 방은 왜 이렇게 어질러놨니... 어느 날 큰아이가 '엄마랑 이야기하면 늘 혼나는 기분이에요'라고 하더라고요. 그제야 제 말투가 얼마나 비판적이었는지 깨달았습니다."

과도하게 비판적인 태도의 배경에는 흔히 완벽주의적 성향이 자리 잡고 있습니다. 어린 시절 높은 기준과 엄격한 평가에 노출된 경험이 있거나, 실수에 대해 과도한 질책을 받은 경험이 있는 경우가 많죠. 때로는 자신의 내면에 대한 불만족이 타인을 향한 비판으로 표출되기도 합니다.

과도한 비판 벗어나기

광고회사 임원 장성호씨의 변화 경험입니다.

> "항상 결점을 찾아내는 것이 제 역할이라고 생각했어요. 하지만 코칭 교육을 받으면서 깨달았죠. 진정한 발전은 장점을 발견하고 키워주는 데서 시작된다는 것을요. 이제는 먼저 긍정적인 면을 짚어주고, 그 다음에 개선점을 이야기하려고 노력합니다."

과도한 비판적 태도를 개선하기 위해서는 다음과 같은 실천이 도움이 될 수 있습니다.

장점을 먼저 발견하고 인정하기
비판이 필요할 때는 구체적이고 건설적인 대안 제시하기
상대방의 입장과 감정을 고려하여 표현하기
완벽함이 아닌 성장과 발전에 초점 맞추기

이러한 변화는 시간과 노력이 필요한 과정입니다. 하지만 작은 변화들이 모여 결국 더 건강하고 생산적인 관계를 만들어낼 수 있습니다.

비판적 시각이 때로는 문제를 정확히 파악하고 해결

하는 데 도움이 될 수 있습니다. 하지만 그것이 관계의 전부가 되어서는 안 됩니다. 비판과 격려, 지적과 지지 사이에서 적절한 균형을 찾을 때, 우리는 더 풍요로운 관계를 만들어갈 수 있을 것입니다.

회피

갈등 상황을 직면하지 않고 회피하는 성격은 필요한 의사소통을 하지 않아 문제를 키우게 됩니다. 또한 중요한 결정이나 책임을 미루는 경향을 보입니다.

> "이번에도 제가 몸이 안 좋아서…"

김대리는 또다시 팀 회식 불참을 알렸습니다. 실제로는 몸이 아프지 않았지만, 여러 사람들과 어울리는 자리가 부담스러워 핑계를 댄 것입니다. 팀원들과 더 가까워지고 싶은 마음은 있지만, 어색한 상황이나 실수할 것 같은 불안감에 자꾸만 자리를 피하게 됩니다.

회피적인 성격의 사람들은 불편하거나 긴장되는 상황을 마주하는 대신 피해가는 것을 선택합니다. IT 회사의 프로그래머 이지훈씨는 다음과 같이 말했습니다.

> "코드 리뷰 시간이 늘 두려워요. 제 코드에 대해 지적받는 게 너무 불안해서, 가능하면 리뷰를 미루거나 아예 다른 업무를 핑계로 피하곤 합니다."

마케팅 팀의 최과장은 자신의 팀원 중 한 명을 걱정스러운 눈으로 바라봅니다.

> "실력은 있는데 항상 뒤로 빠져요. 중요한 프레젠테이션이 있으면 몸이 아프다고 하고, 의견을 물어보면 '잘 모르겠습니다'라고만 해요. 성장할 수 있는 기회들을 계속 놓치는 것 같아 안타깝죠."

회피는 때로 더 큰 문제를 만들어냅니다. 한 제약회사의 영업사원 박진우씨는 실적 부진에 대해 상사와 면담하는 것이 두려워 계속 미뤘습니다. "나중에 이야기하면 되겠지…"라고 생각했지만, 결국 문제는 더 커졌고 해결하기 어려운 상황이 되고 말았습니다.

회피적 성향은 친구 관계에도 영향을 미칩니다. 30대 직장인 정유진씨는 말합니다.

> "친구들과 만나면 늘 제가 실수할까봐, 또는 어색한 상황이 생길까봐 걱정돼요. 그러다 보니 약속이 잡히면 자꾸 취소하게 되고, 결국 친구들과 점점 멀어지는 것 같아요."

메시지나 이메일에 바로 답장하는 것도 어려워합니다. '뭐라고 답해야 할지 모르겠다', '잘못 말하면 어떡하지'라는 생각에 시간을 미루다가, 결국 너무 늦게 답장하거나 아예 답장을 하지 못하는 경우도 많습니다.

가정에서의 회피적 태도는 더 복잡한 문제를 만듭니다. 결혼 5년차인 이민수씨의 이야기입니다.

> "아내와 갈등이 생기면 대화로 풀어야 하는 걸 알면서도, 그냥 넘어가길 바라며 모른 척해요. 피할 수 있을 때까지 피하다가 결국 더 큰 다툼이 되곤 하죠."

자녀와의 관계에서도 회피는 문제가 됩니다.

> "아이가 학교에서 있었던 어려움을 이야기할 때, 제대로 된 조언을 해주지 못할까봐 두려워서 '시간이 지나면 괜찮아질 거야'라는 말로 얼버무리곤 해요. 나중에야 아이에게 정작 필요했던 건 제 조언이 아닌 공감과 지지였다는 걸 깨달았습니다."

회피적 성향은 대개 과거의 부정적 경험이나 트라우마와 연결되어 있습니다. 어린 시절 실수나 실패에 대해 과도한 비난을 받은 경험, 또는 중요한 순간에 지지받지 못한 경험이 있는 경우가 많죠. 이러한 경험들이 쌓여 '피하는 것이 가장 안전하다'는 믿음을 형성하게 됩니다."

회피 개선하기

인사팀 과장 윤성훈씨는 자신의 변화 과정을 이렇게 말했습니다.

> "처음에는 모든 어려운 상황을 피하는 게 답인 줄 알았어요. 하지만 상담을 받으면서 깨달았죠. 회피할수록 제 불안은 더 커졌다는 걸요. 작은 것부터 하나씩 도전하기 시작했더니, 생각보다 제가 많은 것을 할 수 있다는 걸 알게 되었습니다."

회피적 성향을 개선하기 위해서는 다음과 같은 실천이 도움이 될 수 있습니다.

작은 상황부터 점진적으로 도전하기
완벽함이 아닌 과정의 가치를 인정하기
불안감을 자연스러운 감정으로 받아들이기
필요할 때는 전문가의 도움 받기

이러한 변화는 천천히, 그리고 꾸준히 이루어져야 합니다. 모든 상황을 다 마주해야 하는 것은 아니지만, 중요한 순간들은 회피하지 않고 대면하는 용기가 필요합니다. 그럴 때 우리는 더 깊은 관계와 성장의 기회를 만날 수 있을 것입니다.

6부

욕심

욕심 부리기

 우리는 모두 욕심이라는 감정을 품고 살아갑니다. 그것은 너무나 자연스러운 일입니다. 중요한 것은 그 욕심을 어떻게 다루느냐입니다. 욕심을 완전히 없앨 수는 없지만, 그것을 알아차리고 현명하게 다루는 법을 배울 수는 있습니다. 때로는 욕심을 내려놓는 용기가 필요합니다. 마치 손바닥을 펴야만 새로운 것을 잡을 수 있는 것처럼, 욕심을 비우는 것이 더 값진 것들로 채워지는 시작이 될 수 있습니다.

뒤에 있는 이름

 서점 신간 코너에 놓인 한 권의 책. 『소통의 기술』이라는 제목 아래 세 명의 저자 이름이 나란히 적힌 표지를 바라보며 김민수는 쓴웃음을 지었습니다. 책은 성공적으로 출간되어 서점 매대에 자리잡았지만, 그 과정에서 깊어진 갈등으로 인해 세 저자는 더 이상 연락조차 하지 않는 사이가 되어버렸습니다. 아이러니하게도 '소통'을 다룬 책의 저자들이 서로 소통하지 않게 된 것입니다.

> "순서는 가나다순으로 하는 게 좋지 않을까요? 그게 가장 공평할 것 같은데요."

> "아니요, 저는 집필 분량이 기준이 되어야 한다고 봅니다. 제가 전체의 40%를 썼으니까요."

> "잠깐만요. 제가 이 책의 기획자이자 처음 제안한 사람이에요. 출판사 섭외도 제가 했고요. 당연히 제 이름이 첫 번째여야 하지 않나요?"

처음에는 단순한 의견 차이였습니다. 하지만 각자의 논리와 주장이 부딪히면서, 대화는 점점 날카로워졌습니다. 회의 시간은 점점 길어졌고, 책의 내용보다 이름 순서를 두고 더 많은 시간을 소비하게 되었습니다. 결국 출판사의 중재로 '기여도'를 기준으로 순서를 정하기로 했지만, 기여도를 측정하는 기준을 두고도 또다시 갈등이 불거졌습니다.

> "기여도라고 해서 단순히 분량만 볼 수는 없잖아요. 제가 제시한 핵심 아이디어가 없었다면 이 책은 시작조차 못했을 거예요."

> "그렇다고 아이디어만으로 첫 저자가 될 수는 없죠. 실제 집필과 자료 조사에 들인 시간과 노력도 중요하지 않나요?"

결국 자신의 이름이 마지막에 배치된 저자는 마음의 상처를 안은 채 이후 모임에 불참하기 시작했습니다. 교정 과정에서도 의견 제시를 최소화했고, 출간 기념회에도 참석하지 않았습니다.

욕심의 여러 얼굴들

　욕심은 다양한 모습으로 우리 삶에 스며듭니다. 때로는 정당한 권리 주장처럼, 때로는 자존심의 문제처럼 포장되어 나타납니다.

　학계에서는 논문 한 편을 두고도 치열한 공방이 벌어집니다. "이 연구는 내 아이디어로 시작됐다"고 주장하는 교수와 "실험은 내가 다 진행했다"고 맞서는 연구원 사이에서 주저자 자리를 둘러싼 갈등이 깊어집니다. 수개월, 때로는 수년간의 연구 과정에서 쌓았던 신뢰가 순식간에 무너지는 순간입니다.

　SNS 시대는 이러한 인정 욕구를 더욱 자극합니다. 협업으로 완성한 프로젝트 결과물을 각자 자신의 주도로 이루어진 것처럼 포스팅하고, 상대방을 태그하는 순서나 멘션하는 방식을 두고 신경전이 벌어집니다. '좋아요' 숫자와 팔로워 수에 연연하다 보니, 함께 이룬 성과마저 개인의 업적으로 둔갑하기 일쑤입니다.

　회사에서도 비슷한 상황이 반복됩니다. 프로젝트 성과 발표회 때마다 자신의 역할을 부각시키려 애쓰는 직원들. 다른 팀원의 공헌은 의도적으로 축소하거나 생략한 채, 자신의 기여도만을 강조하는 모습은 이제 너무나 익숙한 풍경이 되어버렸습니다.

부모님의 임종 후, 유산 상속을 두고 형제자매 간에 벌어지는 갈등은 이제 더 이상 놀라운 일이 아닙니다. "어머니가 평소 내게 더 의지하셨다"는 언니와 "내가 더 자주 찾아뵀으니 당연히 더 많은 몫을 받아야 한다"는 동생 사이에서, 평생 쌓아온 형제애는 순식간에 증발해 버립니다. 법적 공방으로 번지는 순간, 그들은 더 이상 한 부모 밑에서 자란 형제가 아닌 이해관계로 얽힌 당사자가 되어버립니다.

스타트업 창업 과정에서도 소유욕은 뿌리 깊은 갈등의 씨앗이 됩니다. 처음에는 '우리'라는 이름으로 시작했던 도전이, 점차 '나의 아이디어'와 '내가 투자한 자본', '내가 들인 노력'이라는 구분선을 그어가기 시작합니다. 특히 회사가 성공 궤도에 오른 후에는 이러한 갈등이 더욱 첨예해집니다. 초기의 어려움을 함께 극복했던 동료애는 지분 분배를 둘러싼 다툼 속에서 희미해져갑니다.

이웃 간의 경계선 분쟁 역시 소유욕이 빚어내는 또 다른 비극입니다. 수십 년간 아무 문제 없이 서 있던 담장 하나를 두고, 센티미터 단위의 침범을 따지며 법적 다툼으로 번지는 경우가 적지 않습니다. 담장 너머로 들리던 이웃의 웃음소리는 법원 법정에서 오가는 차가운 진술로 바뀌어갑니다.

회사 내 부서 간 갈등의 중심에는 대개 통제권 다툼이 자리 잡고 있다. 예산 편성권을 두고 벌어지는 부서장들의 신경전은 때로는 전체 조직의 성과마저 위협합니다. 의사결정 과정에서 자신의 영향력을 확대하려는 시도는 종종 다른 부서와의 협업을 저해하는 요인이 됩니다. '우리 부서의 권한'이라는 이름으로 포장된 통제욕은 결국 조직 전체의 효율성을 떨어뜨리는 결과를 초래합니다.

가정에서도 통제욕으로 인한 갈등은 빈번하게 발생합니다. 자녀의 교육 방침을 두고 벌어지는 부부간의 의견 충돌, 노부모 부양 문제를 두고 형제자매 간에 벌어지는 갈등의 이면에는 상황을 자신의 뜻대로 통제하고 싶은 욕구가 도사리고 있습니다. 각자가 생각하는 '최선'이라는 이름으로 포장된 통제욕은 가족 간의 신뢰를 서서히 무너뜨립니다.

주거공동체에서도 이러한 모습은 쉽게 발견됩니다. 아파트 입주자 대표회의 선거에서 벌어지는 치열한 경쟁이나, 동호회 운영진 자리를 두고 벌어지는 파벌 다툼의 본질에는 공동체에 대한 통제권 장악 욕구가 숨어 있습니다. '주민의 권익을 위해서'라는 명분 뒤에 감춰진 통제욕은 때로는 공동체 전체의 화합을 해치는 독이 되기도 합니다.

욕심의 대가

민수는 서점 진열대에 놓인 자신의 책을 바라보며 깊은 한숨을 내쉬었습니다. 책등에 나란히 새겨진 세 개의 이름, 그 단순한 순서 하나로 시작된 갈등이 어떻게 이렇게까지 커져버렸는지 여전히 이해할 수 없었습니다. 밤을 새워가며 원고를 다듬던 날들, 서로의 부족한 부분을 채워가며 완성도를 높여갔던 시간들, 마감에 쫓기면서도 함께 나눴던 커피 한 잔의 따스했던 추억들이 이제는 모두 욕심에 물들어버렸습니다.

학창 시절부터 이어온 20년 지기 친구와의 관계는 하루아침에 무너졌습니다. "너는 항상 그랬어"라는 날선 말들이 오갔고, 한때는 서로의 가장 큰 지지자였던 이들은 이제 서로의 뒤에서 험담을 늘어놓는 사이가 되어버렸습니다. 신뢰는 의심으로 변질되었고, 상대의 작은 행동 하나하나에 숨은 의도를 찾아내려 애쓰는 자신을 발견할 때마다 민수는 비참함을 느꼈습니다.

출판사에서 제안했던 후속 시리즈 계획은 무산되었습니다. "이 분야에서 이들만큼 전문성을 갖춘 조합도 없을 텐데요"라며 출판사 편집장이 아쉬워하던 목소리가 여전히 귓가에 맴돕니다. 여러 대학과 기업에서 들어왔던 공동 강연 요청도 이제는 받아들일 수 없게 되었습니다. 각자가 가진 전문성이 만나 시너지를 이룰 수 있었던 수많은 기회들이 욕심이라는 벽에 가로막혀 사라져갔습니다.

무엇보다 큰 손실은 서로에 대한 존중과 배려의 마음이 사라진 것입니다. 예전에는 상대방의 장점을 보며 "역시 네가 있어서 가능했어"라고 말하곤 했던 그들이, 이제는 서로의 단점을 들춰내어 "그때부터 이럴 줄 알았어"라고 말하는 사이가 되었습니다. 한때 서로를 이해하고 포용하던 마음은 비난과 원망으로 바뀌었고, 작은 오해도 쉽게 풀 수 없는 깊은 상처로 남게 되었습니다.

　이제 민수는 압니다. 욕심이 가져온 것은 순간의 만족이 아닌, 오랜 시간에 걸쳐 쌓아온 모든 것들의 상실이었다는 것을. 첫 번째 저자라는 타이틀을 얻기 위해 치른 대가는, 그 타이틀이 가져다주는 만족감보다 몇 배는 더 크고 무거웠습니다. 책이 베스트셀러가 되어도, 함께 기뻐할 동료가 없다는 것은 생각보다 훨씬 더 쓸쓸한 일이었습니다.

욕심 다스리기

욕심의 실체를 들여다보면, 그것은 종종 불안감의 다른 표현입니다. 인정받고 싶은 마음, 소외되고 싶지 않은 두려움, 통제력을 잃을까 하는 불안이 욕심이라는 옷을 입고 나타납니다.

> "내가 정말 원하는 것은 무엇일까?"
>
> "이 욕심은 어디에서 오는 것일까?"
>
> "이것이 내가 진정으로 바라는 결과일까?"

이러한 질문들을 통해 우리는 자신의 욕심을 객관적으로 바라볼 수 있습니다.

가치의 재발견

진정한 성공은 무엇일까요? 이름이 첫 번째 있는 책 한 권과, 신뢰 관계 속에서 만들어낼 수 있는 수많은 기회들 중 어느 것이 더 가치 있을까요? 때로는 한 걸음

물러서는 것이 더 큰 전진이 될 수 있습니다.

경쟁이 아닌 협력에서 오는 기쁨을 재발견할 필요가 있습니다. 함께 만들어가는 과정에서 각자의 강점이 발휘될 때, 결과물은 더욱 빛납니다. 1+1이 2가 아닌 3이 되는 순간, 그것이 바로 진정한 협력의 가치입니다.

3년이 지난 어느 날, 민수는 우연히 마지막 저자였던 동료를 마주쳤습니다.

> "그때... 미안해요. 우리 모두 욕심을 부렸던 것 같아요."
>
> "저도 많이 후회했어요. 그때 조금만 더 이해하려 했다면..."

잠시 침묵이 흘렀습니다.

> "사실... 이번에 새로운 책을 준비하고 있어요. 이번에야말로 진짜 협력이 무엇인지 보여주고 싶어서요."

민수의 책상 위에는 새로운 원고가 놓여있습니다. 이번에는 저자 이름의 순서가 아닌, 내용의 가치를 먼저 생각하기로 했습니다.

욕심을 다스리는 일은 결코 쉽지 않습니다. 하지만 우

리가 진정으로 소중히 여겨야 할 것이 무엇인지 깊이 생각해본다면, 그 방향이 보이기 시작합니다. 무엇보다 중요한 것은 관계의 가치를 올바로 인식하는 것입니다. 당장의 성과나 이득이 눈앞에 있을 때조차, 우리는 잠시 멈춰 서서 생각해볼 필요가 있습니다. 이 순간의 욕심이 과연 오랜 시간 쌓아온 신뢰 관계를 흔들어도 될 만큼 가치 있는 것인지를.

더 큰 그림을 보는 시야가 필요합니다. 당장 눈앞의 이익에만 집중하다 보면, 우리는 더 큰 가치를 놓치기 쉽습니다. 개인의 성과나 만족을 넘어, 함께 성장하고 발전할 수 있는 기회를 보는 눈이 필요합니다. 경쟁이 아닌 상생의 관점에서 바라볼 때, 우리는 더 큰 성취와 만족을 경험할 수 있습니다.

욕심 버리기

인생의 어느 순간, 우리는 선택의 기로에 서게 됩니다. 더 가질 것인가, 아니면 나눌 것인가. 더 높이 올라갈 것인가, 아니면 함께 성장할 것인가. 이러한 선택의 순간에서 자신의 욕심을 내려놓은 사람들의 이야기는 우리에게 깊은 울림을 줍니다.

그라운드에 핀 아름다운 동행

2023년, 한국 프로야구계에 반가운 소식이 전해졌습니다. 메이저리그에서 찬란한 성공을 거둔 추신수 선수가 한국으로 돌아온다는 것이었습니다. 하지만 더 놀라운 것은 그의 선택이었습니다. 자신의 높은 연봉이 다른 선수들의 몫을 줄일 수 있다는 것을 알았기에, 그는 최소한의 연봉만을 받기로 했습니다. 더욱 놀라운 것은 그 최소 연봉마저도 기부하기로 한 결정이었습니다.

> "후배들이 더 좋은 환경에서 야구를 할 수 있다면, 그게 제가 받을 수 있는 가장 큰 보상일 것 같습니다."

이는 단순한 기부 이상의 의미를 가집니다. 한 선수의 결정이 전체 구단과 선수들의 미래에 영향을 미치는 순간이었습니다. 그의 선택은 프로스포츠계에 새로운 방향성을 제시했습니다. 성공한 선배가 후배들의 미래를 위해 자신의 몫을 나누는 것, 이는 단순한 희생이 아닌 더 큰 성장을 위한 투자였습니다.

욕심을 내려놓았을 때 보이는 것들

욕심을 내려놓는다는 것은 결코 쉬운 일이 아닙니다. 특히 그것이 정당한 대가이고, 자신의 노력으로 얻을 수 있는 것일 때는 더욱 그렇습니다. 하지만 욕심을 내려놓았을 때, 우리는 전혀 다른 차원의 가치를 발견하게 됩니다.

첫째, 우리는 더 큰 그림을 보게 됩니다. 개인의 이익을 넘어 공동체의 발전을 생각할 수 있게 됩니다. 추신수 선수의 사례처럼, 자신의 현재 이익보다 전체의 미래를 고민하게 되는 것입니다.

둘째, 진정한 리더십이 무엇인지 깨닫게 됩니다. 리더십은 높은 자리에서 지시하는 것이 아니라, 자신이 먼저 모범을 보이고 다른 이들의 성장을 돕는 것임을 알게 됩니다.

셋째, 예상치 못한 보상을 경험하게 됩니다. 금전적 이득은 줄어들 수 있지만, 존경과 신뢰, 그리고 함께 성장하는 기쁨이라는 더 큰 보상을 받게 되는 것입니다.

작은 실천이 만드는 큰 변화

  욕심을 내려놓는 선택은 다양한 형태로 나타날 수 있습니다. 한 중소기업 대표는 자신의 연봉을 동결하고 그 금액을 직원들의 복지에 투자했습니다. 그 결과 회사의 이직률은 크게 감소했고, 업무 만족도는 높아졌습니다.

  어느 학원 강사는 자신의 수업 노하우와 자료를 동료 강사들과 공유했습니다. 처음에는 자신만의 경쟁력을 잃을까 걱정했지만, 결과적으로 전체 강사진의 수준이 높아지면서 학원 전체의 평판이 좋아졌고, 이는 다시 모든 강사에게 혜택으로 돌아왔습니다.

욕심을 내려놓는 지혜

  욕심을 내려놓는다는 것은 결코 패배주의가 아닙니다. 오히려 그것은 더 큰 성공을 위한 전략적 선택이 될 수 있습니다. 중요한 것은 언제, 무엇을, 왜 내려놓을 것인가를 현명하게 판단하는 것입니다.

  먼저, 우리는 자신의 욕심이 어디에서 오는지 이해해야 합니다. 그것이 진정한 필요에서 오는 것인지, 아니면 단순한 비교와 경쟁심에서 오는 것인지를 구분할 필요가 있습니다.

다음으로, 내려놓음의 가치를 이해해야 합니다. 욕심을 내려놓는 것이 때로는 더 큰 가치를 창출할 수 있다는 것을, 추신수 선수의 사례가 잘 보여주고 있습니다.

마지막으로, 내려놓음이 가져올 긍정적인 변화를 신뢰해야 합니다. 당장은 손해처럼 보일 수 있지만, 장기적으로는 더 큰 성장과 발전의 기회가 될 수 있다는 것을 믿어야 합니다.

추신수 선수의 선택은 단순한 개인의 결정을 넘어, 우리 사회에 하나의 이정표를 세웠습니다. 성공한 사람이 자신의 몫을 나누고, 후배들의 성장을 돕는 것. 이것이야말로 진정한 성공의 의미가 아닐까요.

우리 모두는 각자의 자리에서 이러한 선택을 할 수 있습니다. 그것은 거창한 것일 필요는 없습니다. 작은 양보와 배려, 그리고 나눔의 실천. 이러한 작은 선택들이 모여 우리 사회를 더 좋은 방향으로 변화시킬 수 있습니다.

욕심을 내려놓는다는 것은 잃는 것이 아니라, 더 큰 것을 얻는 과정일 수 있습니다. 그것은 마치 나무가 자신의 열매를 나눔으로써 더 많은 숲을 만들어내는 것과 같습니다. 우리가 진정으로 풍요로운 사회를 만들어가는 길은, 이처럼 서로의 성장을 돕고 함께 나누는 마음에서 시작되는 것입니다.

7부

갈등 해결하기

토마스-킬만의 갈등 관리 모델

이번 장에서는 몇 가지 갈등을 해결할 수 있는 이론을 소개하고자 합니다. 개인과 조직 모두가 이 방법들을 통해서 눈 앞에 벌어진 갈등을 해결해 행복한 관계가 되기를 바랍니다. 가장 먼저 자신만의 갈등 스타일을 발견할 수 있는 토마스-킬만의 갈등 관리 모델을 알아보고자 합니다. 이 모델은 자기주장성과 협력성을 기준으로 다섯 가지 갈등 해결 스타일을 제시합니다.

자기주장성 - 자신의 관심사를 충족시키려는 정도
협력성 - 타인의 관심사를 충족시키려는 정도

다섯 가지 갈등 관리 스타일은 다음과 같습니다.

경쟁형	협력형	타협형	회피형	순응형

일상에서 마주치는 크고 작은 갈등들, 어떻게 대처하시나요? 어떤 사람은 "네가 하고 싶은 대로 해." 하면서 무조건 양보하고, 또 어떤 사람은 "내 말이 맞아." 하면서 끝

까지 자기 주장을 관철시키려고 하죠.

토마스와 킬만은 이런 다양한 갈등 대처 방식을 아주 쉽게 설명했어요. 그들이 말하는 핵심은 다음과 같습니다.

> "모든 사람은 갈등을 다룰 때 두 가지를 고민해요. 내 입장을 얼마나 강하게 주장할 것인가? 그리고 상대방의 의견을 얼마나 수용할 것인가?"

이 두 가지를 기준으로 사람들의 갈등 대처 스타일을 다섯 가지로 나눴습니다. 먼저 간단히 그 내용을 살펴보겠습니다.

경쟁형은 "내가 무조건 이겨야 해!"라고 말합니다. 자기 입장은 확실히, 상대방 의견은 별로 듣고 싶지 않은 스타일입니다. 회사에서 마감 시한이 촉박할 때 팀장이 강하게 밀어붙이는 것도 경쟁형의 모습입니다. 긴급한 상황이나 중요한 원칙이 걸려있을 때는 이 방법이 유용합니다.

협력형은 "우리 같이 좋은 방법 찾아보자!"라고 말합니다. 내 의견도 중요하고 상대방의 의견도 중요하다고 생각하는 스타일입니다. 커플이 데이트 코스를 계획할 때 서로의 취향을 고려하는 것이 협력형의 모습입니다. 시간이 충분하고 양쪽 다 중요한 상황에서는 이 방법이 좋습니다.

타협형은 "서로 조금씩 양보하면 어떨까?"라고 말합니다. 반반씩 나누자는 스타일입니다. 룸메이트와 방 청소 당번을 정할 때 이 방법을 주로 사용하게 됩니다. 빨리 결정해야 하는데 완벽한 해결책을 찾기 어려울 때는 타협형을 사용하는 것이 좋습니다.

회피형은 "아, 난 이런 거 싫어… 피할래"라고 말합니다. 갈등 자체를 피하고 싶어하는 스타일입니다. 친구들끼리 다툴 때 "난 몰라~"하고 자리를 피하는 것도 회피형의 방법을 사용한 것입니다. 사소한 문제가 발행했거나 잠시 시간을 두고 싶을 때는 이 방법도 효과적입니다.

순응형은 "그래그래, 네 말대로 하자"라고 말합니다. 상대방 의견을 잘 받아들이는 스타일입니다. 친한 친구가 식당 고를 때 "너 좋아하는 데로 가자." 하는 것은 상대의 의견에 순응을 하는 것입니다. 관계가 더 중요하거나 상대방의 전문성을 인정할 때는 이 방법을 사용하게 됩니다.

여기에서 명심해야 하는 것이 있습니다. 이 다섯 가지 스타일 중 어느 것도 완벽하게 좋거나 나쁜 건 아니라는 점입니다. 상황에 따라 적절한 스타일을 골라 쓸 수 있는 것이 중요합니다. 그래서 같은 사람이라도 다음의 상황에 맞게 선택한다면 갈등 해결의 달인이 될 수 있습니다.

경쟁형 – 중요한 프로젝트 마감 때
협력형 – 팀 회의할 때
타협형 – 사소한 일상적 결정
회피형 – 감정이 격해졌을 때
순응형 – 상대가 전문가일 때

이렇게 상황에 맞게 유연하게 대처할 수 있어야 합니다. 여러분은 주로 어떤 스타일을 사용하나요? 아마 하나의 스타일을 자연스럽게 더 많이 사용할 것입니다. 하지만 다른 스타일도 연습하면서 상황에 맞게 활용하면 좋습니다. 그게 바로 토마스와 킬만이 우리에게 알려주고 싶었던 것입니다. 이제 경쟁형부터 하나씩 자세히 살펴보겠습니다.

경쟁형

경쟁형은 토마스-킬만의 갈등 관리 모델에서 자신의 관심사는 높지만 타인의 관심사는 낮은 갈등 해결 스타일을 의미합니다. 이 유형의 사람들은 자신의 목표를 달성하기 위해 적극적으로 자신의 입장을 주장하며, 때로는 타인의 이해관계나 감정을 고려하지 않은 채 강력하게 자신의 의견을 관철시키려 합니다.

경쟁형의 사람들은 갈등 상황에서 자신의 입장을 분명히 하고 상대방을 설득하거나 압박하는 방식으로 대응합니다. 이들은 자신의 전문성과 권위를 활용하여 상황을 통제하려 하며, 때로는 위계질서나 규정을 내세워 자신의 입장을 관철시키려 합니다. 빠른 의사결정이 필요하거나 긴급한 상황에서는 이러한 접근이 효과적일 수 있지만, 장기적인 관계 형성에는 부정적인 영향을 미칠 수 있습니다.

 경쟁형 갈등 관리 스타일은 모든 상황에 적합한 것은 아니지만, 특정 상황에서는 매우 효과적일 수 있습니다. 예를 들어, 조직의 생존이 걸린 중요한 의사결정이 필요할 때, 윤리적 문제나 원칙의 문제가 걸려있을 때, 또는 즉각적인 조치가 필요한 비상상황에서는 이러한 접근이 바람직할 수 있습니다. 특히 조직의 핵심 가치나 원칙을 지켜야 하는 상황에서는 경쟁형 스타일이 필요할 수 있으며, 이는 조직의 발전과 안정성 유지에 도움이 될 수 있습니다.

 경쟁형 갈등 관리 스타일은 명확한 장단점을 가지고 있습니다. 신속한 의사결정과 목표 달성에는 효과적이지만, 대인관계와 팀워크를 저해할 수 있다는 단점이 있습니다. 따라서 이 스타일을 사용하는 사람들은 상황에 따라 유연하게 대응하는 능력을 개발할 필요가 있습니다. 특히 장기적인 관계 형성이 중요한 상황에서는 다른 갈등 관리 스타일을 함께 활용하는 것이 바람직하며, 타인의 의견을 경청하고 공감하는 능력을 키우는 것이 필요합니다.

경쟁형 사례

 먼저 적절한 사례를 보겠습니다. 한 제약회사의 품질관리 책임자는 새로운 의약품 생산 과정에서 심각한 품질 문제를 발견했습니다. 생산팀은 납기일을 맞추기 위해 일부 품질 검사 절차를 생략하자고 제안했지만, 품질관리 책임자는 환자의 안전과 회사의 신뢰성을 위해 강력하게 반대 의견을 제시했습니다. 그는 관련 규정과 잠재적 위험성을 명확히 제시하며, 품질 검사 절차의 중요성을 강조했습니다. 결과적으로 생산 일정은 다소 지연되었지만, 제품의 안전성을 확보할 수 있었고 회사의 평판도 지킬 수 있었습니다. 이는 원칙과 안전이 걸린 중요한 상황에서 경쟁형 갈등 관리 스타일을 적절히 활용한 사례입니다.

 이번에는 적절하지 않은 사례입니다. 신규 프로젝트를 진행하던 IT 기업의 프로젝트 매니저는 자신의 개발 방식만을 고집했습니다. 팀원들이 새로운 기술 도입을 제안했을 때도, 자신의 경험과 직위를 내세워 팀원들의 의견을 무시하고 기존 방식을 강요했습니다. 결과적으로 팀원들의 사기가 저하되었고, 창의적인 아이디어 제안이 줄어들었습니다. 프로젝트는 완료되었지만 팀의 협력 관계가 악화되었고, 이후 진행된 프로젝트에서도 팀원들의 소극적인 참여로 인해 어려움을 겪었습니다. 이는 혁신과 협력이 필요한 상황에서 경쟁형 스타일을 부적절하게 사용한 사례입니다.

 경쟁형 갈등 관리 스타일을 효과적으로 활용하기 위해서는 상황을 정확히 판단하는 것이 중요합니다. 윤리적 문제, 안전 문제, 또는 조직의 핵심 가치와 관련된 사안에서는 경쟁형 스타일을 활용하되, 일상적인 업무나 팀 협력이 필요한 상황에서는 다른 갈등 관리 스타일을 고려해야 합니다. 경쟁형 스타일을 사용할 때는 자신의 입장을 분명히 하되, 상대방을 존중하는 태도를 유지하고 객관적인 데이터나 근거를 제시하는 것이 바람직합니다. 또한 결정 이후에는 팀원들과의 관계 회복에도 신경 써야 하며, 필요한 경우 자신의 결정에 대한 충분한 설명을 제공하는 것이 좋습니다.

이러한 사례들을 통해 경쟁형 갈등 관리 스타일은 상황에 따라 매우 유용할 수 있지만, 신중하게 사용해야 함을 알 수 있습니다. 특히 리더의 위치에 있는 사람들은 자신의 갈등 관리 스타일이 조직 문화와 팀 성과에 미치는 영향을 항상 고려해야 할 것입니다.

경쟁형 인물 - 스티브 잡스

애플의 공동창업자이자 전 CEO였던 스티브 잡스는 경쟁형 갈등 관리 스타일의 대표적인 인물입니다. 혁신을 위한 완벽주의적 리더십를 보여준 그는 제품의 디자인과 기능에 대해 극도로 높은 기준을 고수했으며, 자신의 비전을 실현하기 위해 강력한 리더십을 발휘했습니다. 아이폰 개발 과정에서 그는 엔지니어들에게 불가능해 보이는 목표를 제시하고, 타협을 거부하며 최고의 결과물을 요구했습니다. 예를 들어, 아이폰의 화면 디자인에서 플라스틱 대신 강화유리를 사용할 것을 고집했고, 이는 결과적으로 제품의 혁신적인 특징이 되었습니다. 잡스의 이러한 경쟁형 스타일은 때로는 직원들과의 갈등을 초래했지만, 애플이 혁신적인 제품을 만들어내는 데 큰 역할을 했습니다.

경쟁형 인물 - 마가렛 대처

영국의 전 총리였던 마가렛 대처는 '철의 여인'이라는 별명에 걸맞게 강력한 경쟁형 갈등 관리 스타일을 보여준 지도자였습니다. 1979년부터 1990년까지 영국 총리로 재임하면서, 그녀는 영국의 경제 위기를 해결하기 위해 과감한 개혁 정책을 추진했습니다. 특히 노조의 강력한 반발에도 불구하고 석탄 산업 구조조정을 단행했으며, 국영기업의 민영화를 적극적으로 추진했습니다. 1984년 전국 탄광 노조와의 갈등에서는 1년이 넘는 파업에도 불구하고 자신의 정책을 굽히지 않았습니다. 대처의 이러한 경쟁형 스타일은 많은 반발과 갈등을 야기했지만, 결과적으로 영국 경제의 구조적 변화를 이끌어내는 데 성공했습니다.

스티브 잡스와 마가렛 대처의 사례는 경쟁형 갈등 관리 스타일이 조직이나 국가의 중대한 변화를 이끌어내는 데 효과적일 수 있음을 보여줍니다. 그러나 이들의 리더십이 성공적이었던 데에는 몇 가지 공통된 요소가 있습니다. 첫째, 두 사람 모두 명확한 비전과 확고한 신념을 가지고 있었습니다. 둘째, 그들의 강력한 리더십은 단순한 독단이 아닌, 조직과 사회의 근본적인 변화를 위한 것이었습니다. 셋째, 자신들의 결정에 대한 책임을 기꺼이 감수했습니다.

경쟁형 리더십

경쟁형 리더십은 명확한 목표 설정과 그 달성을 위한 강력한 추진력을 특징으로 합니다. 이러한 리더십 스타일은 높은 수준의 성과와 결과물을 중시하며, 조직의 목표를 달성하기 위해 단호한 의사결정과 실행력을 발휘합니다. 경쟁형 리더는 자신의 비전과 신념에 대한 확고한 믿음을 가지고 있으며, 이를 실현하기 위해 적극적으로 조직을 이끕니다.

이러한 리더는 의사결정 과정에서 신속하고 단호한 판단을 내리며, 때로는 다른 의견보다 자신의 판단을 우선시합니다. 또한 높은 기준과 목표를 설정하고 이를 달성하기 위해 조직 구성원들에게 도전적인 과제를 부여합니다. 특히 위기 상황이나 중요한 변화가 필요한 시기에는 강력한 리더십을 발휘하여 조직을 이끌어가며, 결과에 대한 책임도 기꺼이 감수합니다.

이러한 리더십 스타일은 조직이 **빠른** 변화나 혁신이 필요한 상황에서 특히 효과적입니다. 명확한 방향 제시와 강력한 추진력을 통해 조직의 신속한 변화를 이끌어낼 수 있으며, 높은 성과 기준을 통해 조직의 경쟁력을 향상시킬 수 있습니다. 특히 위기 상황이나 중요한 전환점에서는 신속한 의사결정과 실행이 가능하다는 장점이 있습니다.

하지만 경쟁형 리더십은 구성원들의 자발적 참여와 창의성을 제한할 수 있다는 한계가 있습니다. 또한 강력한 추진력이 때로는 구성원들의 소진이나 스트레스를 야기할 수 있으며, 장기적으로는 조직 내 신뢰 관계를 약화시킬 수 있습니다. 따라서 상황에 따라 다른 리더십 스타일과의 균형이 필요하며, 구성원들의 의견수렴과 동기부여도 고려해야 합니다.

경쟁형 리더십을 효과적으로 발휘하기 위해서는 먼저 리더 자신이 명확한 비전과 목표를 가지고 있어야 합니다. 또한 강력한 추진력이 독단으로 이어지지 않도록 적절한 소통과 설득 과정을 병행해야 합니다. 특히 높은 성과 기준을 제시할 때는 이를 달성하기 위한 지원과 격려도 함께 제공하는 것이 중요합니다. 더불어 경쟁형 리더십이 필요한 상황과 보다 협력적인 접근이 필요한 상황을 구분하여 유연하게 대응하는 것이 바람직합니다.

마지막으로, 경쟁형 리더십은 단순히 권위적인 지시나 통제가 아니라, 조직의 발전과 혁신을 위한 강력한 추진력임을 기억해야 합니다. 이를 통해 조직의 경쟁력을 높이고 지속적인 성장을 이룰 수 있을 것입니다.

협력형

협력형은 토마스-킬만의 갈등 관리 모델에서 자신과 타인의 관심사 모두를 높게 고려하는 갈등 해결 스타일을 의미합니다. 이 유형의 사람들은 모든 당사자가 만족할 수 있는 해결책을 찾기 위해 적극적으로 소통하고 협력하며, 창의적인 방법으로 문제를 해결하려 노력합니다.

협력형의 사람들은 갈등 상황에서 각 당사자의 입장과 필요를 깊이 이해하려 노력합니다. 이들은 개방적인 대화를 통해 서로의 관점을 공유하고, 모든 이해관계자가 윈-윈(Win-Win)할 수 있는 해결책을 모색합니다. 시간과 노력이 많이 필요하지만, 장기적으로 보면 가장 지속 가능한 해결책을 도출할 수 있다는 장점이 있습니다.

협력형 갈등 관리 스타일은 복잡한 문제를 해결해야 하거나, 여러 이해관계자의 의견을 조율해야 하는 상황에서 특히 효과적입니다. 또한 장기적인 관계 형성이 중요한 경우나 혁신적인 해결책이 필요한 상황에서도 유용하게 활용될 수 있습니다. 특히 조직의 중요한 의사결정이나 변화 관리 과정에서는 이러한 접근이 구성원들의 지지와 참여를 이끌어내는 데 도움이 됩니다.

협력형 사례

먼저 적절한 사례를 보겠습니다. 한 글로벌 기업의 다국적 프로젝트 팀에서는 서로 다른 문화적 배경을 가진 팀원들 간의 갈등이 발생했습니다. 프로젝트 리더는 모든 팀원들과 개별 면담을 진행하고, 전체 워크샵을 통해 각자의 관점과 어려움을 공유하는 시간을 가졌습니다. 그 결과, 팀원들은 서로의 문화적 차이를 이해하게 되었고, 이를 바탕으로 모두가 수용할 수 있는 새로운 업무 프로세스를 수립했습니다. 이는 협력형 갈등 관리 스타일을 효과적으로 활용한 사례입니다.

이번에는 적절하지 않은 사례입니다. 한 스타트업에서는 긴급한 제품 출시 일정을 앞두고 있었음에도 불구하고, 모든 의사결정에 팀원들의 의견을 듣고 합의를 도출하려 했습니다. 이로 인해 중요한 의사결정이 지연되었고, 결과적으로 시장 진입 시기를 놓치게 되었습니다. 이는 시간이 촉박한 상황에서 협력형 스타일을 과도하게 적용한 사례로, 상황에 따라 보다 신속한 의사결정이 필요할 수 있음을 보여줍니다.

협력형 인물 - 넬슨 만델라

앞에서도 사례의 인물로 소개를 한 넬슨 만델라는 남아프리카공화국의 첫 흑인 대통령입니다. 인종 간의 깊은 갈등을 협력적으로 해결한 대표적인 인물이죠. 27년

간의 투옥 생활 후에도 백인들에 대한 보복 대신 화해와 용서를 선택했으며, '진실과 화해 위원회'를 설립하여 과거의 상처를 치유하고 새로운 미래를 위한 협력을 이끌어냈습니다. 그의 협력적 리더십은 국가의 평화로운 전환을 가능하게 했습니다.

협력형 인물 - 사티아 나델라

마이크로소프트의 CEO인 사티아 나델라는 협력형 리더십의 현대적 사례를 보여줍니다. 그는 취임 후 경쟁사와의 협력을 강화하고, 개방형 플랫폼 전략을 채택했습니다. 내부적으로는 다양한 의견을 수용하는 문화를 만들었으며, 이는 마이크로소프트가 클라우드 시장에서 성공적으로 변화하는 데 기여했습니다. 그의 '성장 마인드셋'과 협력적 접근은 조직 문화를 긍정적으로 변화시켰습니다.

이러한 사례들은 협력형 갈등 관리 스타일이 조직과 사회의 근본적인 변화를 이끌어내는 데 효과적일 수 있음을 보여줍니다. 다만, 상황과 맥락에 따라 적절한 적용이 필요하며, 때로는 다른 갈등 관리 스타일과의 균형도 고려해야 합니다.

협력형 리더십

협력형 리더십은 모든 구성원의 의견을 존중하고 포용하는 것을 기본으로 합니다. 이러한 리더십 스타일은 조직 구성원들의 다양한 관점과 아이디어를 통합하여 더 나은 해결책을 도출하는 것을 목표로 합니다. 협력형 리더는 구성원들의 적극적인 참여를 독려하고, 열린 소통을 통해 신뢰를 구축하며, 모든 이해관계자가 윈-윈(win-win)할 수 있는 방안을 모색합니다.

이러한 리더는 의사결정 과정에서 구성원들의 의견을 적극적으로 수렴하고, 건설적인 피드백을 장려합니다. 또한 팀 내 갈등이 발생했을 때 이를 회피하지 않고 오히려 성장의 기회로 활용하며, 구성원들이 자유롭게 의견을 제시할 수 있는 심리적 안전감을 조성합니다. 특히 중요한 의사결정 과정에서는 충분한 논의와 합의 과정을 거치며, 결정된 사항에 대해서는 구성원들의 자발적인 실행을 이끌어냅니다.

이러한 리더십 스타일은 조직 내 창의성과 혁신을 촉진하고, 구성원들의 직무 만족도와 조직 몰입도를 높이는 데 기여합니다. 또한 다양한 관점의 통합을 통해 보다 완성도 높은 의사결정이 가능하며, 장기적으로는 조직의 지속가능한 성장을 이끌어낼 수 있습니다. 특히 복잡한 문제 해결이 필요하거나 조직의 중요한 변화를 추진할 때 효과적입니다.

협력형 리더십도 상황에 따라 적절히 조절될 필요가

있습니다. 긴급한 의사결정이 필요한 상황이나 명확한 지시가 요구되는 경우에는 오히려 비효율적일 수 있습니다. 또한 모든 구성원의 의견을 수렴하는 과정에서 시간이 많이 소요될 수 있으며, 때로는 결정의 시기를 놓칠 수도 있습니다. 따라서 상황에 따라 다른 리더십 스타일과의 적절한 균형이 필요합니다.

협력형 리더십을 효과적으로 발휘하기 위해서는 먼저 리더 자신이 열린 마인드와 경청의 자세를 가져야 합니다. 또한 구성원들의 다양한 의견을 수렴하되, 이를 효과적으로 통합하여 실행 가능한 해결책으로 발전시키는 능력이 필요합니다. 특히 팀 내 심리적 안전감을 조성하고, 건설적인 피드백 문화를 만드는 것이 중요합니다. 더불어 협력적 의사결정이 필요한 상황과 보다 지시적인 접근이 필요한 상황을 구분하여 유연하게 대응하는 것이 바람직합니다.

마지막으로, 협력형 리더십은 단순히 모든 의견을 수용하는 것이 아니라, 조직의 목표와 방향성을 명확히 하면서 구성원들의 참여와 협력을 이끌어내는 것임을 기억해야 합니다. 이를 통해 조직의 성과를 높이고 지속가능한 성장을 이룰 수 있을 것입니다.

타협형

타협형은 토마스-킬만의 갈등 관리 모델에서 자신과 타인의 관심사를 중간 수준으로 고려하는 갈등 해결 스타일을 의미합니다. 이 유형의 사람들은 양측이 모두 어느 정도의 만족을 얻을 수 있도록 서로 양보하고 절충하는 방식으로 문제를 해결하려 합니다.

타협형의 사람들은 갈등 상황에서 'Give and Take'의 원칙을 중요시합니다. 이들은 각자의 핵심 이해관계는 지키면서도 부차적인 부분에서는 양보할 수 있는 지점을 찾으려 노력합니다. 신속한 해결이 필요하거나 당사자들의 힘이 비슷한 수준일 때 특히 효과적인 접근 방식입니다.

타협형 갈등 관리 스타일은 시간이나 자원이 제한된 상황에서 실용적인 해결책이 필요할 때 유용합니다. 또한 복잡한 이해관계가 얽혀있거나, 당사자들이 모두 중요한 영향력을 가지고 있는 경우에도 효과적으로 활용될 수 있습니다. 특히 임시적인 해결책이 필요하거나, 더 나은 대안을 찾을 때까지 잠정적 합의가 필요한 상황에서 적절합니다.

타협형 사례

먼저 적절한 사례를 보겠습니다. 한 IT 프로젝트에서 개발팀과 디자인팀은 새로운 기능 구현을 두고 의견 충돌이 있었습니다. 개발팀은 기술적 구현의 용이성을, 디자인팀은 사용자 경험을 우선시했습니다. 프로젝트 매니저는 양팀과의 논의를 통해 핵심 기능은 유지하되 일부 디자인 요소를 단순화하는 방향으로 합의를 이끌어냈습니다. 이는 시간과 자원의 제약 속에서 타협형 갈등 관리 스타일을 효과적으로 활용한 사례입니다.

이번에는 적절하지 않은 사례입니다. 한 기업에서 제품 안전성 문제가 제기되었을 때, 경영진은 비용 절감을 위해 완벽한 해결 대신 임시방편적인 타협안을 채택했습니다. 이는 단기적으로는 비용을 절감했지만, 장기적으로는 제품의 신뢰성 하락과 고객 이탈로 이어졌습니다. 이는 안전과 같은 핵심 가치가 관련된 상황에서 타협형 스타일을 부적절하게 적용한 사례입니다.

타협형 인물 - 앤젤라 메르켈

2005년부터 2021년까지 독일 총리를 역임한 정치인으로, 국내 정치와 유럽 연합 내에서 탁월한 타협형 갈등 관리 스타일을 보여주었습니다. 그녀는 '중도의 정치가'로 알려져 있으며, 보수 정당 출신임에도 불구하고 정책적으로는 중도적 입장을 취하며 다양한 이해관계자들 사이에서 균형을 맞추는 능력이 뛰어났습니다. 특히 2010년대 유로존 위기 당시 그리스 구제금융 문제에 있어 독일 국내의 긴축 요구와 남유럽 국가들의 구제 요청 사이에서 양측 모두가 일부 손해를 감수하는 절충안을 이끌어냈습니다. 2015년 난민 위기 때도 인도주의적 개방과 국경 통제 사이에서 타협점을 찾아

갔으며, 동유럽 국가들과의 갈등에서도 강경책보다는 단계적 합의를 추구했습니다. 메르켈의 '기다릴 줄 아는 정치(Politik des Aussitzens)'는, 서둘러 결정하기보다는 다양한 입장이 부분적으로 수용될 수 있는 중간지점을 인내심 있게 탐색하는 타협형 리더십의 전형을 보여줍니다. 그녀의 사례는 각자가 조금씩 양보하여 모두가 부분적으로 만족할 수 있는 해결책을 모색하는 타협형 접근법의 효과를 국제 무대에서 증명해 보였습니다.

타협형 인물 – 코피 아난

전 UN 사무총장인 코피 아난은 국제 분쟁 해결에서 타협형 리더십을 보여준 대표적 인물입니다. 그는 이라크 전쟁 위기 상황에서 평화적 해결을 위한 중재 노력을 기울였으며, 다양한 국제 갈등 상황에서 당사자들의 입장을 조율하는 역할을 수행했습니다. 특히 그의 '조용한 외교'는 각국의 이해관계를 존중하면서도 실질적인 해결책을 도출하는 데 초점을 맞췄습니다. 2001년 노벨 평화상 수상은 그의 타협형 리더십이 국제 사회에서 인정받았음을 보여주는 증거입니다. 아난은 분쟁 당사자들의 기본적인 요구는 존중하면서도, 평화라는 대의를 위해 서로 양보할 수 있는 지점을 찾아내는 데 탁월한 능력을 보여주었습니다.

타협형 리더십

타협형 리더십은 다양한 이해관계자들의 요구사항을 조율하고 현실적인 해결책을 도출하는 것을 특징으로 합니다. 이러한 리더십 스타일은 극단적인 대립을 피하고 실현 가능한 중간지점을 찾아내는 데 초점을 맞춥니다. 타협형 리더는 각 당사자의 핵심 이해관계를 파악하고 이를 바탕으로 수용 가능한 해결책을 제시합니다.

이러한 리더는 모든 이해관계자들의 의견을 경청하고, 각자의 양보 가능한 범위를 탐색합니다. 또한 현실적인 대안을 제시하고 합의를 이끌어내는 데 집중하며, 때로는 자신의 입장에서도 양보할 준비가 되어 있습니다. 특히 갈등 상황에서는 중재자 역할을 수행하며, 당사자들이 수용할 수 있는 절충안을 모색합니다.

이러한 리더십 스타일은 복잡한 이해관계가 얽힌 상황에서 실용적인 해결책을 도출하는 데 효과적입니다. 또한 신속한 의사결정이 필요하거나 자원이 제한된 상황에서도 유용하게 활용될 수 있습니다. 특히 조직 내 다양한 부서나 집단 간의 갈등을 해소하고 협력을 이끌어내는 데 도움이 됩니다.

타협형 리더십은 때로는 근본적인 문제 해결보다 표면적인 합의에 그칠 수 있다는 한계가 있습니다. 또한 핵심 가치나 원칙과 관련된 문제에서는 타협이 부적절할 수 있으며, 모든 상황에서 중도적 해결책을 추구하다 보면 혁신적인 해결책을 놓칠 수 있습니다.

타협형 리더십을 효과적으로 발휘하기 위해서는 먼저 각 당사자의 진정한 니즈와 우선순위를 파악하는 것이 중요합니다. 또한 타협이 적절한 상황과 그렇지 않은 상황을 구분할 수 있는 판단력이 필요합니다. 특히 임시방편적 해결이 아닌, 모든 당사자가 수용할 수 있는 지속가능한 해결책을 도출하는 데 주력해야 합니다.

마지막으로, 타협형 리더십은 단순히 중간지점을 찾는 것이 아니라, 현실적 제약 속에서 최선의 해결책을 도출하는 것임을 기억해야 합니다. 이를 통해 조직의 안정성을 유지하고 지속가능한 발전을 이룰 수 있을 것입니다.

회피형

회피형은 토마스-킬만의 갈등 관리 모델에서 자신과 타인의 관심사 모두를 낮게 고려하는 갈등 해결 스타일을 의미합니다. 이 유형의 사람들은 갈등 상황에 직접적으로 개입하기보다는 상황을 우회하거나 결정을 지연시키는 방식으로 대응합니다. 이는 단순히 문제를 회피하는 것이 아니라, 때로는 전략적인 선택이 될 수 있습니다.

회피형의 사람들은 갈등 상황에서 중립적인 입장을 유지하거나 개입을 최소화하려는 경향을 보입니다. 이들은 직접적인 대립을 피하고 시간을 두고 상황이 변화하기를 기다리거나, 더 적절한 시기와 상황을 기다리는 전략을 선택합니다. 특히 감정이 격앙된 상황에서는 일정 기간 거리를 두어 당사자들이 냉정을 되찾을 수 있는 기회를 제공합니다.

회피형 갈등 관리 스타일은 문제가 사소하거나 시간이 해결해줄 수 있는 상황에서 효과적입니다. 또한 더 중요한 문제에 자원을 집중해야 할 때나, 현재 상황에서 개입이 오히려 문제를 악화시킬 수 있는 경우에도 적절한 선택이 될 수 있습니다. 특히 당사자들의 감정이 격앙되어 있거나, 더 많은 정보 수집이 필요한 상황에서는 일시적인 회피가 도움이 될 수 있습니다.

회피형 사례

먼저 적절한 사례를 보겠습니다. 한 기업의 중간 관리자는 두 부서 간의 예산 분배를 둘러싼 갈등 상황에서 즉각적인 개입 대신 회계연도 말까지 기다리는 전략을 선택했습니다. 이 기간 동안 각 부서는 자체적으로 예산 효율화 방안을 모색했고, 결과적으로 기존 예산 내에서 문제를 해결할 수 있었습니다. 이는 회피형 갈등 관리 스타일을 전략적으로 활용한 좋은 사례입니다.

이번에는 적절하지 않은 사례입니다. 한 팀장은 팀원 간의 지속적인 업무 갈등을 방치했습니다. 그는 직접적인 개입을 피하고 시간이 해결해줄 것이라 기대했지만, 갈등은 점차 심화되어 팀 전체의 업무 효율성이 크게 저하되었습니다. 결국 여러 핵심 인재가 이직하는 상황까지 발생했습니다. 이는 적극적인 중재가 필요한 상황에서 회피형 스타일을 부적절하게 적용한 사례입니다.

회피형 인물 - 달라이 라마

티베트의 정신적 지도자인 달라이 라마는 중국과의 갈등 상황에서 직접적인 대립을 피하고 평화적인 해결을 추구했습니다. 그는 폭력적 저항 대신 국제 사회의 지지를 얻는 방식을 선택했으며, 이는 장기적인 관점에서 티베트 문제에 대한 국제적 관심을 이끌어내는 데 성공했습니다. 그의 접근 방식은 때로는 직접적인 대립을 피하고 우회적인 방법을 선택하는 것이 더 효과적일 수 있음을 보여줍니다.

회피형 인물 - 간디

인도 독립운동의 지도자 마하트마 간디는 영국 식민정부와의 갈등 상황에서 직접적인 폭력적 대립을 의도적으로 피했습니다. 그는 대신 비폭력 저항과 시민 불복종 운동을 통해 갈등에 접근했습니다. 간디는 즉각적인 충돌보다는 장기적인 도덕적 우위를 확보하는 전략을 선택했으며, 영국과의 직접 대립 대신 대중의 의식 변화와 국제 여론을 활용하는 방식을 취했습니다. 이러한 그의 접근법은 즉각적인 해결보다 지속 가능한 변화를 추구하는 회피형 전략의 효과적인 사례로 볼 수 있습니다.

회피형 리더십

회피형 리더십은 직접적인 개입이나 대립을 최소화하고, 상황이 자연스럽게 해결되도록 하는 것을 특징으로 합니다. 이러한 리더십 스타일은 때로는 문제를 직접 다루지 않는 것이 최선의 해결책이 될 수 있다는 통찰에 기반합니다. 회피형 리더는 시간과 상황의 변화를 전략적으로 활용하며, 불필요한 갈등을 최소화하는 데 주력합니다.

이러한 리더는 급한 결정을 미루거나 중립적인 입장을 유지하는 경향이 있습니다. 또한 직접적인 개입보다는 상황을 관찰하고 모니터링하며, 때로는 의도적으로 거리를 두어 당사자들이 스스로 해결책을 찾도록 유도합니다. 특히 감정적인 갈등 상황에서는 시간을 두고 상황이 진정되기를 기다리는 접근을 선호합니다.

이러한 리더십 스타일은 불필요한 갈등을 예방하고 조직의 에너지를 보존하는 데 도움이 될 수 있습니다. 또한 당사자들의 자율적인 문제 해결 능력을 키우는 데 기여할 수 있으며, 때로는 시간이 해결해주는 문제들이 있다는 것을 보여줍니다. 특히 조직이 더 중요한 과제에 집중해야 할 때 유용하게 활용될 수 있습니다.

이 리더십의 사용은 중요한 문제들이 방치되거나 악화될 수 있다는 위험이 있습니다. 또한 리더의 책임 회피로 비춰질 수 있으며, 조직 구성원들의 신뢰를 잃을 수 있습니다. 따라서 언제 회피가 전략적 선택이 될 수 있는지, 언제 적극적인 개입이 필요한지를 정확히 판단하는 것이 중요합니다.

회피형 리더십을 효과적으로 발휘하기 위해서는 먼저 상황에 대한 정확한 판단이 필요합니다. 또한 회피가 단순한 방관이 아닌 전략적 선택임을 조직 구성원들에게 이해시키는 것이 중요합니다. 특히 회피하는 동안에도 상황을 모니터링하고 필요시 개입할 준비를 갖추는 것이 필요합니다.

마지막으로, 회피형 리더십은 단순히 문제를 피하는 것이 아니라, 더 적절한 시기와 방법을 기다리는 전략적 선택임을 기억해야 합니다. 이를 통해 조직의 자원을 효율적으로 활용하고 불필요한 갈등을 최소화할 수 있을 것입니다.

순응형

순응형은 토마스-킬만의 갈등 관리 모델에서 자신의 관심사는 낮고 타인의 관심사는 높게 고려하는 갈등 해결 스타일을 의미합니다. 이 유형의 사람들은 원만한 관계 유지를 위해 자신의 요구나 욕구를 낮추고 상대방의 의견이나 요구를 수용하는 경향을 보입니다. 이는 단순한 굴복이 아닌, 장기적인 관계 형성을 위한 전략적 선택이 될 수 있습니다.

순응형의 사람들은 갈등 상황에서 상대방의 입장을 우선적으로 고려하고 수용하는 모습을 보입니다. 이들은 자신의 의견이나 요구를 뒤로 하고 상대방의 요구를 들어주거나 양보함으로써 갈등을 해소하려 합니다. 특히 상대방과의 관계가 중요하거나 장기적인 협력이 필요한 상황에서는 일시적인 양보를 통해 신뢰 관계를 구축하는 데 주력합니다.

순응형 갈등 관리 스타일은 상대방과의 관계 유지가 당면한 문제 해결보다 더 중요한 상황에서 효과적입니다. 또한 자신의 입장이 잘못되었다고 판단될 때, 상대방의 의견이 더 나은 해결책일 수 있는 경우에도 적절한 선택이 될 수 있습니다. 특히 조직 내에서 조화로운 분위기 조성이 필요하거나, 신뢰 자본 또는 관계 자신을 쌓아야 하는 상황에서는 이러한 접근이 유용할 수 있습니다.

순응형 사례

먼저 적절한 사례를 보겠습니다. 신입 사원 A는 자신의 아이디어가 있었지만, 선배 사원의 경험에서 나온 제안을 수용했습니다. 시간이 지나면서 그의 순응적 태도는 팀 내에서 신뢰를 쌓는 계기가 되었고, 이후 자신의 아이디어를 제안할 때 팀원들의 적극적인 지지를 받을 수 있었습니다. 이는 순응형 갈등 관리 스타일을 통해 장기적인 신뢰 관계를 구축한 좋은 사례입니다.

이번에는 적절하지 않은 사례입니다. 한 프로젝트 매니저는 팀원의 실수나 부적절한 행동에 대해 항상 수용적인 태도를 보였습니다. 이로 인해 프로젝트의 품질이 저하되고 기한을 맞추지 못하는 상황이 발생했으며, 결과적으로 팀 전체의 신뢰도가 하락했습니다. 이는 명확한 기준과 원칙이 필요한 상황에서 순응형 스타일을 부적절하게 적용한 사례입니다.

순응형 인물 - 아웅산 수치

미얀마(버마)의 정치인으로, 특히 군부와의 관계에서 종종 순응형 갈등 관리 스타일을 보여주었습니다. 그녀는 1990년대부터 2010년대까지 민주화 운동의 상징적 지도자였으나, 2016년 국가 고문으로 취임한 후에는 로힝야족 탄압 문제와 같은 복잡한 갈등 상황에서 군부의 입장을 공개적으로 반대하기보다 수용하는 태도를 취했습니다. 국제사회에서 인권 옹호자로 노벨 평화상을 받았던 그녀는 실질적 권력을 얻은 후, 자신의 이전 가치와 원칙을 고수하기보다 미얀마 군부와의 관계 유지와 정치적 안정을 우선시했습니다. 이러한 순응적 접근은 국제사회로부터 많은 비판을 받았지만, 그녀의 관점에서는 미얀마의 복잡한 정치 현실 속에서 점진적 개혁을 위한 전략적 선택이었습니다. 수지의 사례는 때로는 자신의 이상과 원칙이 현실적 압력 앞에서 타협되는 순응형 갈등 관리의 복잡한 측면을 보여줍니다.

순응형 인물 - 마크 저커버그

페이스북(현 메타)의 창업자이자 CEO로, 특히 규제 기관과의 관계와 사회적 압력에 대응하는 방식에서 순응형 갈등 관리 스타일을 종종 보여줍니다. 초기에는 '빠르게 행동하고 규칙을 깨자(Move fast and break things)'는 모토로 알려졌던 그는, 2016년 미국 대선 개입 논란, 캠브리지 애널리티카 개인정보 유출 스캔들, 그리고 다양한 콘텐츠 조정 문제에 직면한 후 점차 정부 규제와 공공의 요구에 순응하는 방향으로 변화했습니다. 그는 점차 자신의 초기 자유방임적 플랫폼 운영 원칙에서 벗어나 외부의 규제 압력과 사회적 책임 요구를 수용하며, 콘텐츠 정책을 강화하고 개인정보 보호 조치를 확대했습니다. 특히 의회 청문회와 같은 공개적 압력 상황에서, 저커버그는 대립보다는 정부와 사회의 우려를 수용하고 타협하는 접근법을 채택했습니다. 그의 사례는 비즈니스 리더가 자신의 원래 비전과 가치를 일부 양보하며 외부 이해관계자들의 요구에 적응해 가는 순응형 갈등 관리의 현대적 예시를 보여줍니다.

순응형 리더십

순응형 리더십은 구성원들의 의견과 요구를 적극적으로 수용하고, 조화로운 조직 문화를 만드는 것을 특징으로 합니다. 이러한 리더십 스타일은 각 구성원의 개성과 다양성을 존중하며, 포용적인 환경을 조성하는 데 주력합니다. 순응형 리더는 자신의 권한이나 이익보다는 팀의 화합과 구성원들의 성장을 우선시합니다.

이러한 리더는 구성원들의 의견을 경청하고 수용하는 데 많은 시간을 할애합니다. 또한 갈등 상황에서는 자신의 입장을 고수하기보다는 상대방의 관점을 이해하고 수용하려 노력합니다. 특히 팀원들의 개인적인 사정이나 어려움에 대해 배려하는 모습을 보이며, 이를 통해 신뢰 관계를 구축합니다.

이러한 리더십 스타일은 조직 내 긍정적인 분위기를 조성하고 구성원들의 충성도를 높이는 데 효과적입니다. 또한 다양한 의견이 자유롭게 표현될 수 있는 환경을 만들어 창의성과 혁신을 촉진할 수 있습니다. 특히 조직의 변화 과정에서 구성원들의 자발적인 참여와 지지를 이끌어내는 데 도움이 됩니다.

이 리더십은 때로는 필요한 결단이나 어려운 결정을 회피하게 만들 수 있습니다. 또한 지나친 수용적 태도는 조직의 규율이나 기준이 느슨해지는 결과를 초래할 수 있습니다. 따라서 언제 수용하고 언제 원칙을 지켜야 하는지를 명확히 구분하는 것이 중요합니다.

순응형 리더십을 효과적으로 발휘하기 위해서는 먼저 조직의 핵심 가치와 원칙을 명확히 해야 합니다. 또한 구성원들의 의견을 수용하되, 조직의 목표와 방향성은 잃지 않도록 균형을 유지하는 것이 중요합니다. 특히 순응이 리더의 무능력이나 우유부단함으로 비춰지지 않도록 전략적인 접근이 필요합니다.

서클 프로세스

기원과 철학적 배경

서클 프로세스(Circle Process)는 북미 원주민 문화에서 유래한 갈등 해결 및 의사소통 방식으로, 현대 갈등 해결 분야에서 중요한 방법론으로 자리 잡았습니다. 나바호, 오지브웨, 체로키 등 여러 원주민 부족의 전통적인 의사결정과 갈등 해결 방식에서 기원했으며, 공동체 구성원 모두가 동등한 가치를 가지고 모든 목소리가 존중받아야 한다는 철학을 바탕으로 합니다. 원형의 배치는 계층 없는 평등한 관계를 상징하며, 지속적인 순환과 연결성을 의미합니다.

진행 방식

서클 프로세스는 먼저 적절한 공간을 준비하고 참가자들이 서로 얼굴을 볼 수 있는 원형으로 배치합니다. 그 다음 '토킹 피스'라고 불리는 발언권을 상징하는 물건을 준비하고 서클 키퍼나 진행자를 선정합니다. 시작 의식에서는 서클의 목적과 기본 규칙을 설명하고 상호 존중과 경청의 중요성을 강조하며, 간단한 명상이나 호흡 등으로 마음을 가다듬습니다. 체크인 단계에서는 각 참가자가 자신의 현재 감정이나 상태를 간략히 공유하며, 이때 토킹 피스를 들고 있는 사람만 발언할 수 있습니다. 주제 탐색 단계에서는 갈등이나 논의 주제를 여러 관점에서 탐색하게 되는데, 토킹 피스가 원을 여러 차례 돌며 모든 참가자에게 발언 기회를 제공하고, 중간에 끼어들기 없이 순서대로 발언합니다. 해결책 모색 단계에서는 공동의 이해와 존중을 바탕으로 해결책을 논의하고 합의를 통한 결정을 도출합니다. 마지막 체크아웃 단계에서는 과정에 대한 소감과 배움을 공유하고 다음 단계나 약속을 확인합니다.

핵심 원칙

서클 프로세스의 핵심 원칙으로는 자발적 참여, 평등한 발언권, 적극적 경청, 진정성, 기밀성, 합의 기반 결정 등이 있습니다.

자발적 참여	강제 없이 스스로 참여 의사를 결정하는 것
평등한 발언권	모든 참가자가 동등한 발언 기회를 갖는 것
적극적 경청	이야기를 온전히 듣고 이해하려는 노력
진정성	솔직하고 열린 마음으로 참여하는 것

기밀성 – 서클에서 나눈 이야기가 존중되고 보호되는 것
합의 기반 결정 – 다수결이 아닌 모두가 수용할 수 있는 합의를 추구하는 것

적용 분야

이 방법은 교육 현장에서 학교 폭력 해결이나 학급 갈등 관리, 회복적 징계 프로그램에 활용될 수 있고, 직장 환경에서는 팀 내 갈등 해결, 의사결정 과정, 조직 문화 개선에 적용될 수 있습니다. 또한 지역사회에서는 이웃 간 분쟁 해결, 공동체 의사결정, 회복적 정의 실현에 활용되며, 가족 관계에서는 가족 회의, 세대 간 갈등 해결, 중요한 결정에 대한 논의에 활용됩니다.

서클 프로세스의 장점

서클 프로세스의 장점은 모든 사람의 의견과 감정을 존중하는 포용성이 있고, 여러 사람의 다양한 관점을 통해 문제를 더 깊이 이해할 수 있습니다. 또한 단순한 갈등 해결을 넘어 공동체 구성원 간의 관계를 강화하며, 모두가 함께 참여해 만든 해결책은 오래 지속되는 효과가 있습니다. 그리고 참가자들은 이 과정에서 소통 방법과 갈등 해결 능력이 향상되어 개인적 역량도 강화됩니다.

현대적 적용 사례

현대적 적용 사례로는 범죄 피해자와 가해자가 함께 하는 화해 서클인 회복적 정의 프로그램, 학교 폭력 후 관계 회복을 위한 학교 회복 서클, 직원들의 정신 건강과 웰빙을 위한 직장 웰빙 서클, 중요한 공동체 의사결정을 위한 의사결정 서클 등이 있습니다. 서클 프로세스는 단순한 기법이 아닌 관계와 공동체를 중시하는 철학적 접근이며, 현대 사회의 다양한 갈등 상황에서 효과적으로 활용될 수 있는 방법입니다.

활용하면 좋은 8가지 상황

갈등의 감정적 차원이 강할 때
복잡한 이해관계가 얽혀 있을 때
공동체 회복이 필요할 때
소외된 목소리를 포함해야 할 때
지속가능한 해결책이 필요할 때
예방적 접근이 필요할 때
깊은 경청과 이해가 필요할 때
학습 과정이 필요할 때

첫째, '갈등의 감정적 차원이 강할 때'입니다. 당사자들 사이에 감정적 상처나 오해가 깊은 경우 서클 프로세스가 특히 효과적입니다. 서클의 안전한 환경은 참가자들이 자신의 감정을 솔직하게 표현하고 상대방의 감정을 이해할 수 있는 기회를 제공합니다. 특히 직장 내 오랜 갈등이나 가족 간의 깊은 감정적 분쟁, 학교에서의 따돌림 같은 상황에서 감정적 치유와 이해를 촉진합니다.

둘째, '복잡한 이해관계가 얽혀 있을 때'입니다. 여러 사람이나 집단의 이해관계가 복잡하게 얽혀 있는 갈등 상황에서는 서클 프로세스가 모든 관점을 균형 있게 고려할 수 있습니다. 지역사회 개발 프로젝트, 학교 정책 변화, 직장 내 구조 조정과 같이 다양한 이해관계자들의 의견을 수렴해야 할 때 특히 유용합니다.

셋째, '공동체 회복이 필요할 때'입니다. 공동체 내에서 심각한 사건이나 갈등 후 관계 회복과 신뢰 재구축이 필요한 상황에서 서클 프로세스는 치유의 도구가 될 수 있습니다. 학교에서 발생한 폭력 사건 후 학급 공동체 회복, 직장 내 심각한 갈등 이후 팀 재건, 이웃 간 심각한 분쟁 후 공동체 관계 회복 등의 상황에서 효과적입니다.

넷째, '소외된 목소리를 포함해야 할 때'입니다. 기존의 의사결정 방식에서 소외되었던 구성원들의 목소리를 포함해야 하는 상황에서 서클 프로세스는 모든 참가자에게 동등한 발언 기회를 보장합니다. 다양성이 높은 조직에서의 의사결정, 다문화 환경에서의 갈등 해결, 세대 간 소통이 필요한 가족 문제 등에서 특히 중요합니다.

다섯째, '지속가능한 해결책이 필요할 때'입니다. 단기적 해결이 아닌 장기적이고 지속가능한 해결책이 필요한 경우, 서클 프로세스는 모든 당사자의 참여와 합의를 통해 실행 가능성이 높은 결정을 도출합니다. 조직 문화 변화, 학교 규칙 개정, 지역사회 규범 수립과 같은 상황에서 변화의 지속성을 높이는 데 기여합니다.

여섯째, '예방적 접근이 필요할 때'입니다. 갈등이 표면화되기 전에 예방적 차원에서 소통을 촉진하고 관계를 강화해야 할 때 서클 프로세스는 정기적인 대화의 장으로 활용될 수 있습니다. 새로운 팀 구성 초기, 학년 시작 시점의 학급 공동체 형성, 다양한 배경의 사람들이 함께 일하기 시작할 때 등의 상황에서 선제적으로 활용하면 효과적입니다.

일곱째, '깊은 경청과 이해가 필요할 때'입니다. 단순한 의견 교환을 넘어 깊은 수준의 경청과 이해가 필요한 경우, 서클 프로세스의 구조화된 대화 방식은 이를 촉진합니다. 가치관 차이에서 오는 갈등, 문화적 오해에서 비롯된 분쟁, 세계관의 차이로 인한 의사소통 단절 상황에서 상호 이해를 깊게 할 수 있습니다.

여덟째, '학습 과정이 필요할 때'입니다. 갈등 해결 과정이 단순한 문제 해결을 넘어 참가자들의 성장과 학습 기회가 되어야 할 때 서클 프로세스는 성찰적 대화를 통해 이를 가능하게 합니다. 교육적 목적의 갈등 해결, 리더십 개발 과정, 의사소통 기술 향상을 위한 훈련 등의 상황에서 효과적인 학습 도구가 될 수 있습니다.

비폭력 대화

기원과 철학적 배경

비폭력 대화(Nonviolent Communication, NVC)는 임상심리학자 마셜 로젠버그(Marshall Rosenberg)가 1960년대에 개발한 의사소통 방식으로, 평화적이고 공감적인 소통을 통해 갈등을 해결하는 접근법입니다. 로젠버그는 인간관계에서 폭력과 갈등이 생기는 주요 원인으로 '판단적 언어 사용'과 '공감 부족'을 지목했습니다. 그는 간디의 비폭력 철학에 영감을 받아, 모든 인간의 보편적 욕구를 존중하고 이를 충족시키는 방법으로서 비폭력 대화를 발전시켰습니다. 이 방법은 판단이나 비난 없이 관찰하고, 자신의 감정과 욕구를 인식하며, 구체적인 요청을 통해 관계를 회복하는 과정을 중요시합니다.

4단계 과정

비폭력 대화는 네 가지 핵심 단계로 구성됩니다. 첫째, 객관적 관찰은 판단이나 평가 없이 사실만을 관찰하는 것으로, '당신은 항상 늦는다'가 아닌 '오늘 회의에

20분 늦게 도착했어요'와 같이 표현합니다. 둘째, 감정 표현은 그 상황에서 느끼는 감정을 인식하고 표현하는 것으로, '실망했어요' 또는 '걱정되었어요'와 같이 자신의 감정 상태를 명확히 합니다. 셋째, 욕구 연결은 그 감정의 근원이 되는 충족되지 않은 욕구를 인식하는 것으로, '나는 시간을 중요하게 생각하고 회의를 원활하게 진행하고 싶어요'와 같이 표현합니다. 마지막으로, 구체적 요청은 상대방에게 구체적이고 실행 가능한 행동을 요청하는 것으로, '다음 회의에는 시작 5분 전에 도착해 주실 수 있을까요?'와 같이 명확하게 요청합니다.

핵심 원리

비폭력 대화의 핵심 원리는 공감과 자기 표현의 균형입니다. 이는 자신의 욕구와 감정을 정직하게 표현하면서도 상대방의 욕구와 감정을 깊이 이해하려는 노력을 포함합니다. 또한 모든 인간 행동 뒤에는 보편적인 욕구가 있다는 인식과, 이러한 욕구를 충족시키기 위한 다양한 전략이 있을 수 있다는 유연성을 강조합니다. 비폭력 대화는 판단과 비난을 피하고, 책임감 있는 언어 사용을 중요시하며, 강요나 요구가 아닌 요청을 통해 자발적인 협력을 이끌어내는 것을 목표로 합니다.

적용 분야

비폭력 대화는 다양한 분야에서 활용됩니다. 가정에서는 부부 간, 부모-자녀 간 의사소통 개선과 갈등 해결에 효과적이며, 학교에서는 교사-학생 관계 향상, 또래 갈등 중재, 학교 폭력 예방에 도움이 됩니다. 직장에서는 팀 협력 증진, 피드백 제공, 갈등 관리, 리더십 개발에 활용되고, 상담과 치료 분야에서는 내담자와의 치료적 관계 형성, 자기 이해 및 공감 능력 향상에 기여합니다. 또한 국제적인 평화 활동과 갈등 중재, 지역사회 화해 과정에서도 중요한 도구로 사용됩니다.

비폭력 대화의 장점

비폭력 대화의 주요 장점은 깊은 공감과 이해를 통한 관계 개선입니다. 이는 감정적 안전감을 제공하고 진정한 연결을 촉진하며, 갈등 상황에서도 상호 존중의 대화를 가능하게 합니다. 또한 자기 인식과 명확한 의사소통을 향상시켜 자신의 감정과 욕구를 더 잘 이해하고 표현할 수 있게 도와주며, 책임감 있는 언어 사용을 통해 비난과 판단을 줄이고 생산적인 대화를 이끌어냅니다. 비폭력 대화는 갈등 해결과 예방에 효과적이며, 장기적으로는 관계의 회복력을 강화합니다.

실천하기

비폭력 대화 실천에는 여러 도전이 따릅니다. 오랜 의사소통 습관 변화의 어려움은 꾸준한 연습과 점진적 적용으로, 감정과 욕구 인식의 어려움은 감정 어휘 확장과 자기 성찰 연습으로 극복할 수 있습니다. 긴급한 갈등 상황에서의 적용 어려움은 사전 연습과 기본 원칙 내재화로, 상대방의 비협조적 태도는 일방적으로라도 공감하는 자세와 인내심으로 대응할 수 있습니다. 문화적 차이로 인한 적용의 어려움은 각 문화의 의사소통 방식을 존중하면서 핵심 원리를 유연하게 적용하는 방식으로 해결할 수 있습니다.

비폭력 대화 적용하기

교육 분야에서 '기린 언어'(비폭력 대화)와 '자칼 언어'(판단적 언어)를 구분하여 아이들에게 가르치는 방법이 있습니다. 국제 평화 활동에서는 이스라엘-팔레스타인, 르완다, 보스니아 등 분쟁 지역에서 비폭력 대화를 통한 화해 프로그램이 진행되었습니다. 의료 분야에서는 의사와 환자 간 공감적 의사소통을 위한 교육 프로그램이 도입되었고, 비즈니스 분야에서는 구글, 마이크로소프트 등 주요 기업들이 리더십 및 팀 빌딩 훈련에 비폭력 대화를 활용하고 있습니다. 또한 교정 시설에서는 수감자들의 재사회화와 갈등 해결 능력 향상을 위한 프로그램으로 비폭력 대화가 활용되고 있습니다.

비폭력 대화를 교육 현장에 도입하는 방법을 소개하겠습니다. 학교에서는 학생들 사이에 다양한 갈등이 발생할 수 있습니다. 특히 공동생활 공간 사용, 소음 문제, 개인 물건 존중 등과 관련된 갈등이 빈번할 수 있습니다. 기존의 규칙과 처벌 중심 접근법은 단기적인 해결책은 제공했지만, 학생들의 자발적 참여와 진정한 이해를 이끌어내는 데는 한계가 있습니다.

만약 기숙사 공간에서 다음과 같은 갈등이 있다고 해 보겠습니다. 일부 학생들은 늦게까지 이야기하고 음악을 듣길 원하는데, 다른 학생들은 일찍 잠자리에 들기를 원합니다. 이로 인해 매일 밤 언쟁과 불만이 쌓일 수 있으며, 학생들 사이의 관계는 점점 악화될 수 있습니다.

이때 NVC 전문가를 초청하여 교사와 학생들에게 비폭력 대화 훈련을 제공하면 좋습니다. 기숙사 문제를 해결하기 위한 특별 서클 미팅이 진행될 것이며, 이 미팅에서 비폭력 대화의 4단계가 다음과 같이 적용될 것입니다.

관찰	감정
욕구	요청

관찰의 단계에서는, 진행자가 학생들에게 판단 없이 상황을 관찰하도록 다음과 같이 안내합니다.

> "밤 10시 이후에 두 그룹으로 나뉘어, 한 그룹은 이야기하고 음악을 듣고, 다른 그룹은 자려고 합니다."

감정의 단계에서는 각 학생들이 돌아가며 자신의 감정을 표현합니다. 늦게 자고 싶은 학생들은 "제한받는다고 느껴요", "통제당한다고 느껴요"라고 표현하고, 일찍 자고 싶은 학생들은 "피곤해요", "좌절감이 들어요", "무시당한다고 느껴요" 등으로 표현합니다.

욕구의 단계는, 진행자가 학생들이 감정 뒤에 있는 욕구를 탐색하도록 돕습니다. 늦게 자고 싶은 학생들은 "자유와 즐거움이 필요해요", "친구들과 연결되고 싶어요"라고 표현하고, 일찍 자고 싶은 학생들은 "휴식과 수면이 필요해요", "내일 수업에 집중할 수 있는 에너지가 필요해요" 등으로 표현합니다.

요청의 단계에서 학생들은 구체적인 요청을 만듭니다. "평일에는 10시까지, 주말에는 11시까지 공용 공간에서 조용한 활동만 할 수 있을까요?", "일찍 자고 싶은 사람들을 위한 '조용한 방'을 지정할 수 있을까요?", "헤드폰을 사용해서 음악을 들을 수 있을까요?" 등의 제안이 나옵니다.

이 과정을 통해 학생들은 자발적으로 다음과 같은 해결책에 합의합니다.

평일에는 10시, 주말에는 11시 이후에는 기숙사 공용 공간에서 조용한 활동만 하기

한 방을 '조용한 방'으로 지정하여 일찍 잠자리에 들고 싶은 학생들을 위한 공간 마련

10시 이후에는 헤드폰 사용하기

2주마다 기숙사 회의를 열어 합의사항이 잘 지켜지고 있는지 확인하기

　이 해결책은 단순한 규칙 제정이 아니라, 모든 학생들의 욕구를 존중하고 인정하는 과정에서 도출되었기 때문에 높은 수용성과 지속성을 보일 것입니다. 몇 주 내에 기숙사 분위기가 크게 개선되며, 학생들 사이의 관계도 회복될 것입니다.

　더 나아가, 이 경험을 통해 학생들은 비폭력 대화의 기술을 내면화할 수 있으며, 이후 다른 갈등 상황에서도 스스로 이 방식을 적용할 수 있게 됩니다. 학교 전체의 의사소통 문화가 점진적으로 변화하면서 징계 사례가 감소하며, 학생 만족도 조사에서 '갈등 해결 능력'과 '소속감' 지표가 크게 향상될 것입니다.

학교에서의 비폭력 대화 적용 사례는 비폭력 대화가 단순한 의사소통 기술 이상으로, 공동체 문화를 변화시키고 개인의 성장을 촉진하는 강력한 도구가 될 수 있음을 보여줄 것입니다.

이해 기반 협상

기원과 철학적 배경

이해 기반 협상(Interest-Based Negotiation)은 하버드 대학교의 협상 연구 프로젝트(Harvard Negotiation Project)에서 로저 피셔(Roger Fisher)와 윌리엄 유리(William Ury)가 개발한 접근법으로, 1981년 출간된 '예스를 이끌어내는 협상법(Getting to Yes)'에서 처음 소개되었습니다. 이 방법은 전통적인 입장 중심의 협상(positional bargaining)에서 벗어나, 갈등 당사자들의 근본적인 이해관계에 초점을 맞추는 협상 방식입니다. 이 접근법은 협상을 제로섬 게임(한쪽이 이기면 다른 쪽은 반드시 져야 하는 구조)이 아닌, 모든 당사자가 만족할 수 있는 창의적 해결책을 찾는 과정으로 재정의했습니다. 이는 '원칙에 입각한 협상(principled negotiation)' 또는 '윈-윈 협상(win-win negotiation)'이라고도 불립니다.

핵심 원칙

이해 기반 협상은 다음의 네 가지 핵심 원칙으로 구성됩니다.

사람과 문제를 분리하는 것
입장이 아닌 이해관계에 집중하는 것
상호 이익을 위한 옵션을 창출하는 것
객관적 기준을 사용하는 것

첫째는 사람과 문제를 분리하는 것으로, 사람에 대한 감정과 실제 문제를 구분하여 관계를 손상시키지 않으면서 문제를 해결하는 접근법입니다. 둘째는 입장이 아닌 이해관계에 집중하는 것으로, 표면적인 요구(입장) 너머에 있는 근본적인 필요와 욕구(이해관계)를 탐색합니다. 셋째는 상호 이익을 위한 옵션을 창출하는 것으로, 판단을 유보하고 다양한 가능성을 탐색하여 창의적인 해결책을 모색합니다. 넷째는 객관적 기준을 사용하는 것으로, 주관적 의견이나 의지력 대결이 아닌 공정하고 객관적인 기준에 따라 합의점을 찾는 방식입니다.

이해 기반 협상의 장점

이해 기반 협상의 주요 장점은 관계 보존과 강화입니다. 이 방법은 갈등 해결 과정에서 관계를 손상시키지 않고 오히려 신뢰와 이해를 깊게 합니다. 또한 창의적이고 지속가능한 해결책을 도출하여 모든 당사자의 핵심 이해관계를 충족시키는 혁신적인 방안을 찾습니다. 이해 기반 협상은 효율성과 만족도를 높이고, 합의 과정의 공정성과 투명성을 증진시키며, 장기적 관점에서 재발 방지와 미래 협력 기반을 마련합니다.

도전과 극복 방안

이해 기반 협상을 실제로 적용할 때는 몇 가지 어려움을 마주할 수 있습니다. 이러한 어려움과 그 해결책을 좀 더 쉽게 설명해 드리겠습니다.

먼저 권력 차이가 클 때를 살펴볼게요. 한쪽이 다른 쪽보다 힘이 훨씬 센 경우, 약한 쪽의 의견이 무시될 수 있는 어려움이 있습니다. 이런 상황에서는 중립적인 제3자(중재자)의 도움을 받거나, 모두가 발언할 수 있는 공정한 규칙을 정하는 것이 도움이 됩니다. 또한 약한 쪽이 사전에 충분히 준비할 수 있도록 정보와 시간을 제공하면 권력 불균형을 어느 정도 완화할 수 있습니다.

두 번째, 상대방의 진짜 원하는 것을 파악하기 어려울 때입니다. 때로는 상대방이 자신의 진짜 필요와 원하는 것을 명확히 표현하지 않아 이해관계 파악이 어려울 수 있습니다. 이런 경우 "왜 그것이 중요한가요?"와 같은 열린 질문을 활용하고, 진심으로 귀 기울여 들으며, 서로 충분한 대화 시간을 가지는 것이 중요합니다. 상대의 말을 다시 정리해서 확인하는 방법도 오해를 줄이는 데 효과적입니다.

세 번째, 감정이 격해졌을 때입니다. 분노, 불신, 두려움 같은 강한 감정이 협상을 방해할 수 있는데, 이런 감정적 장벽을 다룰 때는 감정을 무시하지 않고 인정하는 것이 첫 걸음입니다. 필요하다면 잠시 휴식 시간을 갖고, 비난하는 언어 대신 중립적인 표현을 사용하며, 감정과 문제를 분리해서 다루는 접근이 효과적입니다.

다섯 번째, 상대방이 협조하지 않을 때입니다. 상대방이 오직 자신의 입장만 고수하며 협력을 거부할 수 있는데, 이럴 때는 협상이 성공했을 때 양쪽 모두에게 생기는 이익을 강조하고 객관적인 기준이나 사실 자료를 제시하는 것이 도움이 됩니다. 또한 협상이 결렬됐을 때 자신이 취할 수 있는 대안을 미리 준비하고, 상대방의 입장이 아닌 이유(왜 그런 입장을 취하는지)에 관심을 보이는 것도 중요합니다.

여섯 번째, 문화적 차이로 인한 오해가 있을 수 있습니다. 서로 다른 문화적 배경을 가진 사람들은 소통 방식이나 가치관이 달라 오해가 생길 수 있습니다. 이를 극복하기 위해서는 상대방의 문화에 대해 사전에 배우고, 불분명한 점은 바로 질문하고 확인하며, 존중하는 태도로 대화하는 것이 중요합니다. 필요하다면 문화적 중재자의 도움을 받는 것도 좋은 방법입니다.

적용 사례

실제 적용 사례로는, 이집트-이스라엘 캠프 데이비드 협정(1978)이 있습니다. 지미 카터 대통령의 중재로 영토 반환(이스라엘의 입장)과 안보 보장(이집트의 입장) 대신, 양국의 근본적 이해관계인 주권 인정과 평화 구축에 초점을 맞추어 합의에 이르렀습니다. 비즈니스 분야에서는 애플과 삼성의 특허 분쟁 일부가 소송이 아닌 상호 라이선싱 계약을 통해 해결되었습니다. 환경 분야에서는 아마존 열대우림 보존을 둘러싼 개발업체와 환경단체 간의 갈등이, 지속가능한 개발 방식과 보존 구역 지정이라는 창의적 해결책으로 타협점을 찾았습니다. 가족법 분야에서는 협력적 이혼 과정에서 자녀 양육권과 재산 분할에 대해 양측의 핵심 이해관계를 충족시키는 맞춤형 합의안을 도출한 사례가 있습니다. 또한 지역사회 개발 프로젝트에서는 개발업체, 주민, 환경단체 간의 이해관계를 조율하여 경제적 이익, 주거 환경 개선, 환경 보존을 모두 고려한 통합적 계획을 수립한 사례가 있습니다.

가이드

갈등 상황에서 바로 적용 가능한 이해 기반 협상 가이드는 먼저 대화 전에 자신의 감정을 인식하고 차분한 상태를 유지하며, 상대방을 '적'이 아닌 함께 문제를 해결할 '파트너'로 바라보는 관점 전환에서 시작합니다. 양쪽 모두 방해받지 않고 충분히 이야기할 수 있는 환경을 선택하고, '한 사람이 말할 때 끼어들지 않기', '인신공격 피하기'와 같은 간단한 대화 규칙을 함께 정합니다.

각자가 상황을 어떻게 보고 있는지 "나는 ~라고 느꼈어요"와 같은 '나' 중심 메시지를 사용하여 나누고, 들은 내용을 간략히 요약하여 제대로 이해했는지 확인합니다. "그것이 왜 중요한가요?"와 같은 질문을 통해 표면적인 요구(입장) 너머에 있는 진짜 필요와 원하는 것(이해관계)을 파악하여 종종 공통의 이해관계를 발견할 수 있습니다.

두 사람의 이해관계를 모두 충족시킬 수 있는 방법을 찾기 위해 판단을 유보하고 "만약 ~하면 어떨까요?"라는 형식으로 여러 가능성을 자유롭게 탐색합니다. 의견 차이가 있을 때는 공정한 시장 가격, 전문가 의견, 선례와 같은 객관적 기준을 함께 찾아 더 공정한 합의에 도달할 수 있습니다.

해결책이 나왔다면 누가, 언제, 무엇을, 어떻게 할 것인지 명확하게 정하고 간단히 메모하여 구체적이고 실행 가능한 합의로 만들고, 예상치 못한 상황에 대한 대처 방안도 함께 논의해야 합니다. "일주일 후에 다시 만나서 진행 상황을 점검해보는 것은 어떨까요?"라고 제안하며 이행 상황을 확인할 시점을 미리 정하고, 갈등 해결 후에는 함께 커피를 마시거나 감사의 메시지를 보내는 등 관계 회복을 위한 작은 제스처로 신뢰를 다시 쌓아야 합니다.

변형적 조정

기원과 철학적 배경

변형적 조정(Transformative Mediation)은 1994년 로버트 부시(Robert A. Bush)와 조셉 폴저(Joseph P. Folger)가 저서 『The Promise of Mediation』에서 제안한 갈등 해결 접근법입니다. 이 방법은 기존의 문제 해결 중심 조정과는 달리, 갈등 과정에서 당사자들의 상호작용과 관계 변화에 초점을 맞추는 철학적 접근을 취합니다. 변형적 조정은 갈등을 단순히 해결해야 할 문제가 아니라, 개인의 성장과 관계 변화를 위한 기회로 바라봅니다.

임파워먼트와 인정

변형적 조정의 핵심은 두 가지 주요 개념인 '임파워먼트(Empowerment)'와 '인정(Recognition)'에 있습니다. 임파워먼트는 갈등 당사자들이 자신의 상황, 목표, 선택지, 자원에 대해 더 명확히 인식하고, 의식적인 결정을 내릴 수 있는 능력을 강화하는 과정을 의미합니다. 인정은 상대방의 관점, 상황, 가치에 대한 이해와 공감 능력을 키우고, 이를 인정하고 수용하는 과정을 가리킵니다.

조정자

변형적 조정에서 조정자는 '해결책 제시자'가 아닌 '과정 지원자'로서 역할합니다. 조정자는 당사자들의 대화를 주도하거나 방향을 설정하지 않으며, 대신 그들이 자신의 필요와 관심사를 표현하고 상대방을 이해할 수 있는 기회를 제공합니다. 조정자는 당사자들의 상호작용 패턴을 면밀히 관찰하며, 임파워먼트와 인정의 순간을 포착하고 강화하는 데 집중합니다.

변형적 조정 과정은 매우 유연하고 당사자 중심적입니다. 사전에 정해진 단계나 구조를 엄격히 따르기보다, 대화의 자연스러운 흐름을 존중하며 진행됩니다. 조정자는 당사자들이 주도권을 가지고 대화의 주제, 방향, 속도를 결정하도록 격려합니다. 이 과정에서 감정 표현이 중요하게 다루어지며, 갈등의 이면에 있는 관계적 측면에 충분한 관심을 기울입니다.

변형적 조정은 문제 해결에 초점을 맞추는 전통적 조정 방식과는 뚜렷한 차이가 있습니다. 전통적 조정이 효율적인 합의 도출을 목표로 한다면, 변형적 조정은 당사자들의 상호작용 과정과 관계 변화에 더 관심을 둡니다. 또한 전통적 조정에서 조정자가 상대적으로 지시적인 역할을 하는 반면, 변형적 조정에서는 비지시적이고 당사자 중심적인 접근을 취합니다.

결과의 의미

변형적 조정에서 '성공'은 반드시 합의에 도달했는지 여부로 측정되지 않습니다. 대신, 당사자들이 얼마나 임파워먼트와 인정을 경험했는지, 그들의 상호작용 방식이 어떻게 변화했는지가 중요한 성공 지표가 됩니다. 합의는 이러한 변화의 자연스러운 결과물로 볼 수 있으며, 때로는 공식적 합의 없이도 관계 개선과 상호 이해 증진이라는 의미 있는 성과를 얻을 수 있습니다.

적용 분야

변형적 조정은 특히 지속적인 관계가 중요한 갈등 상황에 효과적으로 적용됩니다. 가족 갈등(이혼, 양육권, 상속 등), 직장 내 갈등(동료 간, 상사-부하 간), 이웃 분쟁, 학교 내 갈등, 지역사회 문제 등 관계의 회복과 변화가 중요한 영역에서 큰 가치를 발휘합니다. 또한 문화적, 정치적으로 복잡한 갈등에서도 상호 인정과 이해를 촉진하는 접근법으로 활용됩니다.

장점과 한계

변형적 조정의 주요 장점은 깊은 수준의 갈등 전환을 가능하게 한다는 점입니다. 이 방법은 표면적인 문제 해결을 넘어 당사자들의 인식과 상호작용 방식의 근본적인 변화를 촉진합니다. 또한 자기 결정권과 주도성을 존중하여 당사자들의 자율성을 강화하고, 장기적으로 갈등 해결 능력을 키워줍니다. 관계 회복과 신뢰 구축에 특히 효과적이며, 복잡하고 감정적인 갈등을 다루는 데 유용한 접근법입니다.

변형적 조정이 직면하는 도전으로는 시간과 인내가 필요하다는 점이 있습니다. 신속한 해결책을 원하는 경우에는 적합하지 않을 수 있으며, 조정자에게 높은 수준의 기술과 훈련이 요구됩니다. 모든 갈등 유형에 적합하지 않을 수 있으며, 특히 분명한 규칙이나 법적 판단이 필요한 상황에서는 한계가 있습니다. 또한 당사자들 사이에 극심한 권력 불균형이 있는 경우에는 추가적인 안전장치가 필요할 수 있습니다.

실제 적용 사례

1990년대 중반, 미국 우정국(USPS)은 직장 내 차별 관련 소송과 불만 제기가 급증하면서 심각한 위기에 직면했습니다. 1994년 한 해에만 14,000건 이상의 공식 차별 관련 불만이 접수되었고, 이로 인한 법적 비용과 직원 사기 저하가 조직에 큰 부담이 되었습니다. 이에 대응하기 위해 1994년, 미국 우정국은 'REDRESS'[1]라는 이름의 변형적 조정 프로그램을 시범적으로 도입했

---

1 Resolve Employment Disputes Reach Equitable Solutions Swiftly

습니다. 이 프로그램의 주요 목적은 단순히 소송을 줄이는 것을 넘어, 직장 내 갈등 해결 문화를 근본적으로 변화시키는 것이었습니다.

REDRESS 프로그램은 변형적 조정 모델을 기반으로 설계되었으며, 몇 가지 중요한 특징을 갖추고 있었습니다. 먼저, 참여는 불만 제기자에게는 완전히 자발적이었으나, 관리자들은 요청받으면 반드시 참여해야 했습니다. 조정 세션은 보통 하루(약 8시간) 동안 진행되었으며, 당사자들의 필요에 따라 추가 세션이 가능했습니다. 모든 조정은 특별히 훈련된 외부 전문 조정자에 의해 진행되었는데, 이는 중립성을 보장하고 내부 권력 역학의 영향을 최소화하기 위함이었습니다.

REDRESS 프로그램의 가장 특징적인 부분은 조정자들이 철저하게 변형적 조정 원칙에 따라 훈련받았다는 점입니다. 이들은 해결책 제시나 지시적 접근 대신, 당사자들의 임파워먼트(자기 결정권 강화)와 인정(상대방에 대한 이해와 공감)을 촉진하는 데 중점을 두었습니다. 또한 프로그램의 모든 내용은 철저한 비밀 보장을 원칙으로 했으며, 조정 과정에서 나온 정보는 어떤 경우에도 공식 절차에서 사용될 수 없었습니다.

REDRESS 프로그램의 실제 적용 사례 중 하나는 배달 부서의 경험 많은 여성 직원과 신임 남성 관리자 간의 갈등이었습니다. 이 여성 직원은 자신이 성별과 연령을 이유로 불공정한 대우를 받고 있다며 공식 불만을 제기했습니다. 특히 자신의 업무 배정이 불공정하게 변경되었고, 새 관리자가 자신의 제안을 무시한다고 느꼈습니다.

조정 세션에서 변형적 조정자는 양측에게 각자의 관점을 충분히 표현할 기회를 제공했습니다. 처음에 여성 직원은 분노와 좌절감을 강하게 표현했고, 관리자는 방어적인 태도를 보였습니다. 조정자는 이러한 감정 표현을 억제하지 않고, 오히려 두 사람이 서로의 감정과 관점을 깊이 듣도록 격려했습니다.

과정이 진행되면서, 여성 직원은 자신의 오랜 경험이 존중받지 못한다고 느꼈다는 점(임파워먼트의 필요), 관리자는 조직 변화를 성공적으로 이끌어야 한다는 압박감(맥락에 대한 인식)을 표현했습니다. 이 과정에서 관리자는 직원의 전문성을 인정하게 되었고(인정의 순간), 직원은 관리자가 악의를 가진 것이 아니라 개혁 압박에 대응하는 과정에서 소통이 부족했음을 이해하게 되었습니다(상황에 대한 새로운 이해).

이러한 상호 이해를 바탕으로, 두 사람은 자발적으로 향후 소통 방식과 업무 배정에 관한 협력적 접근법을 함께 개발했습니다. 구체적으로, 주간 브리핑 미팅을 도입하고, 직원의 경험을 활용한 멘토링 체계를 구축하기로 합의했습니다. 이 사례에서 주목할 점은 단순히 불만 해결을 넘어, 두 사람의 관계와 소통 방식이 근본적으로 변화했다는 것입니다.

초기 시범 프로그램의 성공 후, REDRESS는 1998년까지 미국 전역의 모든 USPS 시설로 확대되었습니다. 프로그램 도입 이후 약 10년 동안 80,000건 이상의 조정이 진행되었으며, 이 중 약 70%가 어떤 형태로든 만족스러운 해결에 도달했습니다. 특히 주목할 만한 성과는 공식 차별 불만 건수가 30% 이상 감소했다는 점입니다.

인디애나 대학 연구팀이 수행한 장기 평가 연구에 따르면, REDRESS 프로그램은 다음과 같은 중요한 성과를 거두었습니다.

소송 비용의 급격한 감소
프로그램 도입 전 평균 사건당 $50,000~$100,000에서 $3,000 이하로 비용이 감소했습니다.

사건 해결 시간의 단축
전통적인 행정 절차가 6-24개월 걸렸던 것에 비해, REDRESS를 통한 조정은 평균 4시간 내에 완료되었습니다.

직장 문화의 변화
조직 전체에 걸쳐 갈등에 대한 접근 방식이 변화했으며, 참여자의 92%가 향후 직장 내 문제를 해결하는 데 유사한 대화 기술을 사용할 것이라고 응답했습니다.

참여자 만족도 향상
프로그램 참여자의 90% 이상이 조정 과정에 만족했다고 응답했으며, 이는 합의 도달 여부와 상관없이 나타난 결과였습니다.

REDRESS 프로그램의 가장 중요한 성과는 단기적인 갈등 해결을 넘어, 조직 문화와 개인의 갈등 해결 능력에 미친 장기적 영향이었습니다. 연구 결과에 따르면, 변형적 조정 경험은 관리자와 직원 모두에게 새로운 소통 기술을 제공했고, 이는 일상적인 상호작용에까지 확장되었습니다. 특히 관리자들은 조정 경험 후 자신의 리더십 스타일을 더 참여적이고 경청 중심적으로 변화시켰다고 보고했습니다.

미국 우정국의 REDRESS 프로그램은 대규모 조직에서 변형적 조정을 성공적으로 적용한 대표적 사례로, 다른 정부 기관과 민간 기업에도 광범위하게 벤치마킹되었습니다. 이 사례는 갈등 해결이 단순히 문제 종결의 차원을 넘어, 조직 문화를 혁신하고 구성원의 역량을 강화하는 강력한 도구가 될 수 있음을 보여줍니다.

가이드

변형적 조정 실천 가이드는 먼저 편안하고 안전한 대화 환경을 조성하고, 이 접근법이 단순한 합의 도출이 아닌 상호 이해와 관계 개선에 초점을 맞춘다는 점을 설명하는 것에서 시작합니다. 조정자가 의제를 설정하지 않고 "오늘 어떤 주제에 대해 이야기하고 싶으신가요?"라고 물으며 당사자들에게 대화의 주도권을 넘겨주어 과정에 대한 주인의식을 부여합니다.

분노, 좌절, 슬픔 등의 감정이 나타날 때 이를 차단하지 않고 "지금 화가 나신 것 같은데, 그 감정에 대해 더 말씀해주실 수 있을까요?"와 같이 감정 표현을 지원하며, 당사자가 자신의 상황과 필요에 대해 더 명확하게 인식하는 임파워먼트 순간을 포착하여 "그 점에 대해 더 이야기해 주시겠어요?"라고 물어 이를 강화합니다.

한 당사자가 상대방의 관점을 이해하기 시작할 때 "상대방의 입장에서 볼 때 어떤 느낌일지 이해하게 되셨나요?"와 같은 질문으로 인정의 기회를 확대하고, 대화 과정에서 비난-방어와 같은 부정적 상호작용 패턴이 나타날 때 이를 인식할 수 있도록 도와 새로운 소통 방식을 발전시키도록 합니다.

대화 내용을 요약하기보다는 당사자들의 말을 그들의 언어를 사용해 반영해주는 것이 더 효과적이며, 침묵은 당사자들이 생각하고 느낄 수 있는 귀중한 시간이므로 이를 존중해야 합니다. 모든 결정은 당사자들이 내리도록 하고 해결책을 제안하기보다 "이 상황에서 어떤 선택이 가능할까요?"와 같은 열린 질문을 통해 자기결정권을 지원합니다.

대화 중간중간에 "지금까지의 대화가 도움이 되고 있나요?"라고 물어 진전을 확인하고, 문제 해결보다 "이 문제가 두 분의 관계에 어떤 영향을 미쳤나요?"와 같은 질문으로 관계적 측면에 초점을 맞춥니다. 합의에 도달하지 않았더라도 "오늘의 대화가 상황을 바라보는 방식에 변화를 가져왔나요?"라고 물으며 대화의 의미를 확인하고, 필요하다면 추가 대화 세션을 제안하여 점진적인 변화와 지속적인 관계 개선을 위한 후속 지원을 제공합니다.

내러티브 조정

내러티브 조정(Narrative Mediation)은 1990년대 후반 뉴질랜드의 존 윈슬레이드(John Winslade)와 제럴드 몽크(Gerald Monk)가 개발한 갈등 해결 접근법으로, 사회구성주의와 포스트모던 철학에 기반을 두고 있습니다. 이 방법은 갈등이 객관적 사실의 충돌이 아니라, 사람들이 자신의 경험을 해석하고 의미를 부여하는 '이야기(내러티브)'의 충돌이라는 관점을 취합니다. 내러티브 조정은 갈등 당사자들이 각자 가진 지배적인 갈등 이야기를 해체하고, 새로운 협력적 이야기를 함께 구성해 나가는 과정에 초점을 맞춥니다.

내러티브 조정의 핵심은 '갈등 이야기(conflict story)'와 '대안적 이야기(alternative story)'라는 두 가지 개념에 있습니다. 갈등 이야기는 당사자들이 문제 상황에 대해 구성한 부정적이고 대립적인 내러티브로, 종종 상대방을 적대시하고 자신을 피해자나 정의의 수호자로 위치시키는 경향이 있습니다. 대안적 이야기는 갈등 이야기에서 간과된 예외적 순간, 긍정적 경험, 공유된 가치 등을 중심으로 재구성된 새로운 내러티브로, 협력과 상호 존중의 가능성을 열어줍니다.

조정자

내러티브 조정에서 조정자는 '이야기 탐색가' 또는 '대화 설계자'로서의 역할을 수행합니다. 조정자는 질문, 반영, 요약을 통해 갈등 이야기의 패턴과 가정을 드러내고, 이를 탈구축(deconstruction)하는 과정을 촉진합니다. 또한 갈등 이야기 속에 숨겨진 대안적 의미와 가능성을 발견하도록 돕고, 새로운 협력적 내러티브의 공동 창작을 지원합니다. 조정자는 중립적 사실 확인자가 아니라, 새로운 의미 창출을 돕는 적극적인 협력자로 기능합니다.

내러티브 조정은 일반적으로 세 단계로 진행됩니다. 첫 번째 단계는 '참여와 갈등 이야기 경청'으로, 각 당사자가 자신의 갈등 이야기를 충분히 표현하고, 조정자는 이야기에 담긴 문화적, 사회적 맥락과 지배적 담론의 영향을 파악합니다. 두 번째 단계는 '갈등 이야기 해체'로, 갈등 이야기에 내재된 가정, 편견, 일반화를 질문을 통해 드러내고, 이야기가 당사자들의 관계와 인식에 미치는 영향을 탐색합니다. 마지막 단계는 '대안적 이야기 구성'으로, 갈등 이야기와 맞지 않는 긍정적 경험, 상호 존중의 순간, 공유된 가치 등을 중심으로 새로운 협력적 내러티브를 함께 만들어갑니다.

특징적 기법

내러티브 조정에서는 몇 가지 특징적인 기법이 활용됩니다. '외재화 질문(externalizing questions)'은 "분노가 두 분의 관계에 어떤 영향을 미쳤나요?"와 같이 문제를 사람과 분리하여 객체화함으로써, 문제에 대한 새로운 관점을 제공합니다. '상대적 영향력 질문(relative influence questioning)'은 갈등이 당사자들의 삶과 관계에 미친 영향, 그리고 당사자들이 갈등에 미친 영향을 탐색합니다. '유일한 결과 찾기(searching for unique outcomes)'는 갈등 이야기에 맞지 않는 예외적 순간과 경험을 발견하여 대안적 이야기의 씨앗으로 활용합니다. '재저작(re-authoring)'은 이러한 예외적 순간을 중심으로 새로운 관계 이야기를 함께 만들어가는 과정입니다.

내러티브 조정은 특히 관계적, 정체성적 측면이 강한 갈등에 효과적으로 적용됩니다. 가족 갈등(이혼, 상속, 세대 간 갈등)에서는 가족 내 이야기와 정체성 재구성에 도움을 주며, 직장 내 갈등에서는 조직 문화와 전문적 정체성에 관련된 갈등을 다루는 데 유용합니다. 문화 간, 공동체 간 갈등에서는 서로 다른 문화적 내러티브의 이해와 존중을 촉진하고, 장기적인 관계 회복이 필요한 갈등(오랜 친구, 사업 파트너 간)에서 과거 이야기의 재해석과 미래 관계의 재구성을 돕습니다.

내러티브 조정은 몇 가지 측면에서 전통적인 조정 방

식과 구별됩니다. 전통적 조정이 객관적 사실과 공통 이해관계를 중심으로 한다면, 내러티브 조정은 주관적 의미 구성과 이야기 재구성에 초점을 맞춥니다. 또한 전통적 조정이 현재의 문제 해결에 중점을 두는 반면, 내러티브 조정은 과거 경험의 재해석과 미래 관계의 재구성을 포괄적으로 다룹니다. 내러티브 조정에서 조정자는 중립적 진행자보다 적극적인 대화 설계자로서 역할하며, 문제의 근원보다 문제가 유지되는 방식과 그 영향에 더 관심을 기울입니다.

장점과 한계

내러티브 조정의 주요 장점은 깊은 수준의 인식 변화를 가능하게 한다는 점입니다. 이 방법은 갈등에 대한 이해와 해석 자체를 변화시켜, 당사자들이 서로와 상황을 바라보는 근본적인 방식을 재구성합니다. 또한 정체성과 관계의 회복에 특히 효과적이며, 문화적 맥락과 권력 관계에 민감하게 접근할 수 있습니다. 갈등의 재발을 방지하는 데 도움이 되며, 당사자들에게 새로운 관점과 가능성을 열어주는 역량 강화 효과도 있습니다.

내러티브 조정이 직면하는 도전으로는 시간과 인내가 필요하다는 점이 있습니다. 이야기의 해체와 재구성은 복잡하고 시간이 소요되는 과정으로, 빠른 해결이 필요한 상황에는 적합하지 않을 수 있습니다. 또한 조정자에게 높은 수준의 언어적, 문화적 민감성과 복잡한 내러티브를 다룰 수 있는 능력이 요구됩니다. 내러티브 접근법에 익숙하지 않은 당사자들은 초기에 혼란이나 저항을 느낄 수 있으며, 구체적인 실용적 해결책보다 의미 변화에 초점을 맞추기 때문에 일부 실질적 문제(자산 분배, 계약 조항 등)에는 보완적 접근이 필요할 수 있습니다.

적용 사례

학교 내 또래 괴롭힘 사례를 소개합니다. 한 중학교에서 3학년 학생들 사이의 심각한 따돌림 문제가 발생했습니다. 세 명의 학생이 한 학생(제이슨)을 지속적으로 괴롭히는 상황이었고, 학교의 전통적인 훈육 방식은 효과가 없었습니다. 내러티브 조정자는 먼저 각 학생이 상황에 대해 가진 이야기를 개별적으로, 그리고 비난하지 않는 방식으로 경청했습니다. 괴롭힘을 행한 학생들은 자신들을 '그저 장난을 치는 인기 있는 아이들'로, 제이슨을 '유머 감각이 없고 너무 예민한 아이'로 묘사했습니다. 반면 제이슨은 자신을 '무력한 희생자'로, 다른 학생들을 '잔인한 괴롭힘꾼'으로 이야기했습니다.

조정자는 '괴롭힘'을 외재화하여 "괴롭힘이 교실에 들어와서 어떤 영향을 미쳤나요?"라고 질문했고, 이는 학생들이 문제를 자신들과 분리하여 객관적으로 바라볼 수 있게 했습니다. 이후 조정자는 과거에 학생들이 서로 잘 지냈던 순간들을 탐색했고, 놀랍게도 1년 전 제이슨이 학교 프로젝트에서 다른 학생들을 도왔던 경험, 그리고 모두가 함께 교외 활동에 참여하며 즐거워했던 기억들이 발견되었습니다.

이러한 '유일한 결과'를 바탕으로, 조정자는 학생들이 '서로를 지지하고 각자의 강점을 인정하는 팀'이라는 새로운 이야기를 구성하도록 도왔습니다. 그 과정에서 학생들은 자발적으로 '존중 서약'을 만들었고, 향후 2개월 동안 주간 체크인 모임을 통해 새로운 이야기를 강화했습니다. 이 접근법은 단순히 괴롭힘 행동을 중단시키는 것을 넘어, 학급 전체의 관계 역학을 변화시켰고, 6개월 후 추적 조사에서도 긍정적 변화가 유지되고 있었습니다.

이번에는 이혼 가정의 공동 양육 갈등의 사례를 소개하겠습니다. 오랜 기간 양육권 분쟁을 겪고 있던 이혼 부부(마이클과 소피아)의 사례에서, 두 사람은 서로를 '무책임한 부모'와 '통제적인 전 배우자'로 묘사하는 강한 갈등 이야기를 가지고 있었습니다. 내러티브 조정 과정에서 조정자는 먼저 두 사람이 각자의 갈등 이야기를 충분히 표현하도록 했습니다.

이후 조정자는 "자녀들의 행복이라는 관점에서 볼 때, 이 갈등 이야기가 어떤 영향을 미치고 있나요?"라는 질문을 통해 두 사람의 공통된 관심사에 초점을 맞추었습니다. 또한 "자녀 양육에 있어서 상대방의 어떤 점을 신뢰하나요?"라는 질문은 각자가 상대방의 양육 능력에 대해 가지고 있는 긍정적 측면을 인식하게 했습니다.

갈등 이야기를 해체하는 과정에서, 두 사람 모두 자녀에 대한 깊은 사랑과 헌신을 공유하고 있다는 점, 그리고 각자가 다른 방식으로 자녀의 발달에 기여하고 있다는 사실이 드러났습니다. 조정자는 과거 함께한 긍정적 양육 경험들(자녀의 첫 생일 파티를 함께 계획했던 일, 자녀의 건강 문제 때 협력했던 사례 등)을 탐색하여 '협력적 공동 양육자'라는 대안적 이야기의 기반을 마련했습니다.

결과적으로 이 부부는 '경쟁적인 전 배우자'에서 '서로 다르지만 보완적인 양육 스타일을 가진 공동 양육 팀'이라는 새로운 정체성을 발전시켰고, 이를 바탕으로 구체적인 양육 계획에 합의할 수 있었습니다. 조정 후 1년간의 후속 관찰에서, 두 사람은 자녀 관련 의사결정에서 훨씬 원활한 소통과 협력을 보여주었고, 법적 분쟁 재발도 없었습니다.

직장 내 세대 갈등의 사례도 살펴보겠습니다. 한 기술 기업에서는 베테랑 직원들(50-60대)과 신입 젊은 직원들(20-30대) 사이에 심각한 갈등이 발생했습니다. 오랜 경험을 가진 직원들은 젊은 세대를 '존중심이 부족하고 성급한 혁신가'로 묘사했고, 젊은 직원들은 기성세대를

'변화를 거부하는 구시대적 인물'로 보는 강한 세대 간 갈등 이야기가 형성되어 있었습니다.

내러티브 조정자는 두 그룹의 대표자들과 함께 하는 워크숍을 진행하면서, 먼저 각 그룹이 가진 '세대 차이' 이야기를 충분히 듣고, 이러한 이야기가 어떻게 더 넓은 사회적, 문화적 담론의 영향을 받았는지 탐색했습니다. 이후 "이 회사에서 가장 성공적인 프로젝트는 언제였나요?"라는 질문을 통해, 두 세대가 협력하여 중요한 성과를 이룬 사례들이 발견되었습니다.

특히 한 베테랑 직원이 젊은 동료의 혁신적 아이디어를 지지했던 사례와, 젊은 직원이 선배의 경험에서 귀중한 교훈을 얻은 사례 등을 집중적으로 탐색했습니다. 이러한 예외적 순간들을 바탕으로, 조정자는 참가자들이 '세대 간 멘토링과 역멘토링을 통한 시너지 창출팀'이라는 새로운 이야기를 구성하도록 도왔습니다.

이 과정의 결과로, 회사는 공식적인 '크로스 제너레이션 파트너십' 프로그램을 도입했고, 이를 통해 서로 다른 세대의 직원들이 정기적으로 만나 지식과 관점을 공유하는 문화가 형성되었습니다. 6개월 후 평가에서 팀 생산성과 직원 만족도가 모두 증가했으며, 세대 간 갈등 관련 불만이 70% 감소한 것으로 나타났습니다.

이번에는 지역사회 환경 분쟁의 사례를 보겠습니다. 한 해안 도시에서는 해변 개발을 둘러싸고 지역 주민들과 개발 회사 간에 심각한 갈등이 발생했습니다. 주민들은 개발업체를 '환경을 파괴하는 탐욕스러운 기업'으로, 개발업체는 주민들을 '경제 발전을 방해하는 비현실적인 환경주의자'로 규정하는 대립적 이야기가 깊게 자리 잡고 있었습니다.

내러티브 조정자는 양측 대표들과의 일련의 모임에서, 먼저 각자가 지역사회와 환경에 대해 가진 가치와 비전을 탐색했습니다. 놀랍게도, 두 그룹 모두 '미래 세대를 위한 지속가능한 지역사회 조성'이라는 공통된 가치를 표현했고, 다만 그 실현 방법에 대한 접근법이 달랐습니다.

조정자는 "이 지역에서 가장 자랑스러운 순간은 언제였나요?"라는 질문을 통해, 과거 주민들과 기업이 협력하여 홍수 피해 복구를 성공적으로 이끌었던 경험, 그리고 지역 축제를 함께 조직했던 사례 등 협력의 역사를 발견했습니다. 이러한 '유일한 결과'를 중심으로, '환경 보호와 지속가능한 발전을 함께 추구하는 파트너십'이라는 새로운 내러티브가 구성되기 시작했습니다.

이 새로운 이야기를 바탕으로, 양측은 환경 영향을 최소화하면서 지역 경제를 활성화할 수 있는 대안적 개발 계획을 공동으로 수립하기로 합의했습니다. 구체적으로는 개발 규모를 축소하고, 자연 보존 구역을 확대하며, 지역 주민 고용을 우선시하는 방안이 포함되었습니다. 또한 지속적인 대화를 위한 '지역사회-기업 협의

체'가 구성되어, 개발 과정 전반에 걸쳐 협력적 의사결정이 이루어질 수 있는 체계가 마련되었습니다.

이 사례는 깊게 분열된 지역사회 갈등에서 내러티브 접근법이 어떻게 대립적 이야기를 화해와 협력의 이야기로 전환할 수 있는지를 보여주는 좋은 예입니다.

가이드

내러티브 조정 실천 가이드는 먼저 모든 참가자가 편안하게 자신의 이야기를 나눌 수 있는 안전한 환경을 조성하는 것에서 시작합니다. "오늘 우리는 서로의 이야기를 판단하지 않고 들을 것입니다"라고 명확히 안내하며 각자의 이야기가 존중받을 것임을 보장해야 합니다. 각 당사자가 자신의 관점에서 갈등 상황에 대한 이야기를 충분히 나누도록 하고, 중단 없이 경청하며 전체적인 내러티브를 이해하려고 노력해야 합니다.

"이 갈등이 두 분의 관계에 어떤 영향을 미쳤나요?"와 같은 질문을 통해 갈등을 사람들과 분리하여 객체화하는 '외재화' 기법을 활용함으로써 당사자들이 서로를 비난하지 않고 문제 자체에 함께 대응할 수 있게 합니다. "좋은 동료는 어떻게 행동해야 한다고 생각하시나요?"와 같은 질문으로 갈등 이야기에 내재된 가정, 신념, 문화적 영향을 탐색하여 당사자들이 자신의 관점을 더 넓은 맥락에서 이해하도록 돕습니다.

"두 분이 잘 협력했던 때는 언제였나요?"처럼 갈등 이야기에 맞지 않는 예외적 경험이나 긍정적 상호작용을 찾아 대안적 이야기의 씨앗이 될 수 있는 순간들을 발견합니다. 발견된 예외적 순간과 공유된 가치를 바탕으로 당사자들이 새로운 협력적 이야기를 함께 구성하도록 돕고, "이 새로운 이해를 일상에서 어떻게 실천할 수 있을까요?"라고 물으며 구체적인 행동 계획을 세웁니다.

  당사자들이 새롭게 발견한 이해와 변화를 공개적으로 인정하고 축하할 기회를 마련하며, "오늘의 대화를 통해 가장 의미 있게 배운 점은 무엇인가요?"라고 질문하여 변화의 순간을 명확히 합니다. 마지막으로 변화는 시간이 걸리는 과정이므로 "몇 주 후에 다시 만나서 이 새로운 이해가 어떻게 작동하고 있는지 확인하면 어떨까요?"라고 제안하며 후속 만남을 계획하여 지속적인 대화의 기회를 마련합니다.

감정 코칭

감정 코칭(Emotion Coaching)은 심리학자 존 가트맨(John Gottman)과 그의 동료들이 개발한 접근법으로, 가트맨의 30년 이상에 걸친 가족 및 관계 연구에서 비롯되었습니다. 이 방법은 1990년대에 '마음의 감정 지능(Emotional Intelligence of the Heart)'이라는 개념과 함께 소개되었으며, 아이들의 감정 발달과 부모-자녀 관계에 초점을 두고 시작되었습니다. 감정 코칭의 핵심 철학은 모든 감정이 가치 있고 중요하며, 부정적 감정도 포함한 모든 감정 표현이 개인의 성장과 관계 발전을 위한 기회가 될 수 있다는 믿음에 기초합니다.

감정 코칭의 핵심은 감정을 인식하고 수용하는 능력입니다. 이 접근법은 감정을 무시하거나 억압하는 대신, 감정을 중요한 정보와 배움의 원천으로 여깁니다. 감정 코칭에서는 화, 슬픔, 두려움과 같은 부정적 감정도 정상적이고 건강한 인간 경험의 일부로 인정하며, 이러한 감정을 적절히 다루는 법을 배우는 것이 중요하다고 봅니다. 또한 감정과 행동을 구분하여, 모든 감정은 수용 가능하지만 모든 행동이 허용되는 것은 아니라는 균형 잡힌 관점을 취합니다.

가트맨의 5단계 감정 코칭 과정

감정 인식하기
연결의 기회로 보기
공감적 경청하기
감정 이름 붙이기
한계 설정과 문제 해결

　감정 코칭은 일반적으로 다섯 단계로 진행됩니다. 첫째, '감정 인식하기'는 자신과 상대방의 감정을 알아채고 이해하는 것으로 시작합니다. 둘째, '연결의 기회로 보기'는 감정적 순간을 회피하지 않고 관계 강화와 학습의 기회로 인식하는 태도를 의미합니다. 셋째, '공감적 경청하기'는 판단 없이 상대의 감정에 집중하고 전적으로 주의를 기울이는 과정입니다. 넷째, '감정 이름 붙이기'는 상대가 경험하는 감정을 명확히 언어로 표현하도록 돕는 단계입니다. 다섯째, '한계 설정과 문제 해결'은 감정은 모두 수용하면서도 부적절한 행동에는 경계를 설정하고, 건설적인 대안을 함께 모색하는 과정입니다.

　감정 코칭은 다른 감정 대응 방식과 뚜렷하게 구별됩

니다. 감정 무시하기(감정을 사소하게 여기거나 부정), 감정 부정하기(감정을 비판하거나 교정하려 함), 방임적 수용(감정을 수용하지만 행동 지도 부재)과 달리, 감정 코칭은 감정을 인정하고 수용하면서도 적절한 행동 지침을 제공합니다. 가트맨의 연구에 따르면, 감정 코칭 방식으로 양육된 아이들은 더 나은 정서 조절 능력, 더 높은 학업 성취도, 더 건강한 사회적 관계를 보이는 경향이 있습니다.

적용 사례

감정 코칭의 주요 장점은 정서 지능 발달 촉진에 있습니다. 이 방법은 자신과 타인의 감정을 인식하고, 이해하고, 적절히 대응하는 능력을 향상시킵니다. 또한 감정적 회복력을 키워 스트레스와 역경에 더 효과적으로 대처할 수 있게 하고, 더 깊고 의미 있는 관계 형성을 돕습니다. 감정 코칭은 갈등 해결 능력을 향상시키고, 장기적으로는 심리적 웰빙과 정신 건강에 긍정적 영향을 미치며, 자신과 타인에 대한 이해와 공감 능력을 키웁니다.

학교에서의 감정 코칭 사례를 보겠습니다. 미국 시애틀의 한 초등학교에서는 4학년 학생 마이클이 자주 분노 발작을 일으켜 수업을 방해하고 또래 관계에서도 어려움을 겪고 있었습니다. 전통적인 훈육 방식(벌점, 방과

후 남기기)은 효과가 없었고, 오히려 상황을 악화시켰습니다. 담임 교사는 감정 코칭 접근법을 시도하기로 했습니다.

다음 번 마이클이 수학 문제를 풀지 못해 좌절하며 책을 던지고 소리를 질렀을 때, 교사는 이전과 달리 행동했습니다. 먼저, 교사는 마이클에게 조용히 다가가 "지금 정말 화가 많이 났구나. 수학 문제가 어려워서 좌절스러운 것 같아"라고 말하며 감정을 인식하고 이름을 붙였습니다(1, 4단계). 그런 다음 "네가 왜 그렇게 화가 났는지 더 이야기해줄 수 있을까?"라고 물으며 공감적으로 경청했습니다(3단계).

마이클은 처음에는 놀랐지만, 곧 자신이 반복적으로 문제를 이해하지 못해 "바보 같다"고 느끼고 있다고 털어놓았습니다. 교사는 이 감정적 순간을 연결의 기회로 삼아(2단계) "수학이 어려울 때 정말 속상할 수 있어. 나도 어렸을 때 비슷한 경험이 있었어"라고 공감을 표현했습니다.

그런 후에 교사는 한계를 설정했습니다. "네 감정을 이해하지만, 교실에서 물건을 던지는 것은 안전하지 않아. 다음에 비슷한 감정이 들면 어떻게 하면 좋을까?"(5단계). 마이클과 교사는 함께 대안적 대처 방법(손을 들어 도움 요청하기, '잠시 휴식' 카드 사용하기)을 만들었습니다.

이 접근법을 몇 주간 일관되게 적용한 결과, 마이클의 분노 발작이 크게 줄었고, 좌절을 느낄 때 도움을 요청하는 빈도가 증가했습니다. 놀랍게도 마이클은 수학 성적도 향상되었고, 급우들과의 관계도 개선되었습니다. 학년 말에는 다른 학생이 좌절할 때 "숨을 깊게 쉬어 봐. 나도 그런 적 있어"라고 말하며 배운 기술을 또래에게 가르치는 모습도 관찰되었습니다.

이번에는 가족 갈등에서의 감정 코칭 사례를 살펴보겠습니다. 13세 딸 소피아와 자주 충돌하던 부모(제임스와 엘레나)는 가족 상담에서 감정 코칭을 배웠습니다. 특히 소피아의 외출 시간과 관련된 갈등이 심각했는데, 전형적인 패턴은 소피아가 늦게 귀가하면 부모가 화를 내고, 소피아는 "나를 전혀 신뢰하지 않아요!"라고 소리치며 방에 들어가 문을 쾅 닫는 것이었습니다.

감정 코칭을 배운 후, 부모는 다음 갈등 상황에서 새로운 접근법을 시도했습니다. 소피아가 약속보다 30분 늦게 귀가했을 때, 제임스는 평소처럼 즉각적으로 훈계하는 대신 "늦어서 걱정했어. 무슨 일이 있었니?"라고 물었습니다(감정 인식). 소피아가 친구와의 대화가 길어졌다고 답하자, 엘레나는 "친구와 즐거운 시간을 보내고 싶었구나. 그 마음은 이해해. 하지만 네가 연락 없이 늦으면 우리가 얼마나 걱정하는지 알았으면 해"라고 말했습니다(공감과 한계 설정).

소피아는 처음에는 놀랐지만, 부모가 진심으로 자신의 감정을 이해하려 한다고 느끼자 방어적인 태도가 줄어들었습니다. "다음부터는 늦을 것 같으면 미리 문자

할게요"라고 제안했고, 가족은 함께 외출 시간에 대한 새로운 규칙(기본 귀가 시간 + 상황에 따라 조정 가능 + 항상 소통하기)을 만들었습니다.

이 접근법을 꾸준히 적용한 결과, 가족 간 갈등이 크게 감소했고, 놀랍게도 소피아는 약속 시간을 더 잘 지키게 되었습니다. 몇 달 후 소피아는 "전에는 부모님이 그냥 통제하고 싶어서 규칙을 만든다고 생각했는데, 이제는 정말 걱정해서 그런 거라는 걸 알게 됐어요"라고 말했습니다. 부모 역시 "소피아의 독립성을 존중하면서도 안전을 보장하는 균형을 찾게 되었다"고 보고했습니다.

가이드

감정 코칭 실천 가이드는 먼저 일상에서 자신과 상대방의 언어적, 비언어적 감정 신호에 더 민감해지는 것에서 시작합니다. 표정, 몸짓, 목소리 톤과 같은 비언어적 단서에도 주목하며, 상대방이 감정적으로 격해질 때 "지금 네 감정에 주의를 기울이고 있어"라고 표현함으로써 그들의 감정을 중요하게 여긴다는 메시지를 전달해야 합니다. 불편하거나 부정적인 감정이 표현될 때 이를 회피하거나 서둘러 해결하려 하지 말고, "이 감정을 함께 이해해보자"라는 태도로 접근하면 상대방은 자신의 감정이 존중받는다고 느끼고 더 깊은 연결감을 경험할 수 있습니다.

상대방의 감정에 대해 비판하거나 조언하기 전에 판단 없이 충분히 경청하며, "그건 별거 아니야"와 같은 판단적인 말은 피하고 대신 "더 자세히 말해줄래?"라고 물어 감정 표현을 격려해야 합니다. "그래서 실망했구나", "정말 자랑스러웠겠네", "그 상황이 불안하게 느껴졌나 보네"와 같이 감정에 구체적인 이름을 붙이는 것은 감정을 이해하고 관리하는 첫 단계이며, 아이들과 대화할 때는 선택지를 제공하는 것도 도움이 됩니다.

"무엇이 너를 그렇게 화나게 했어?", "언제부터 그런 기분이 들기 시작했니?"와 같은 질문으로 감정의 근원을 함께 탐색하면 상대방이 자신의 감정 패턴과 촉발 요인을 이해하는 데 도움이 되고, 당신도 상대방의 내면 세계를 더 깊이 이해할 수 있게 됩니다. "그런 상황에서 화가 난 것은 당연해", "그 말을 들었을 때 상처 받았겠구나"와 같이 상대방의 관점에서 상황을 이해하려 노력하고 이를 언어로 표현하는 공감은 감정 코칭의 핵심이며 모든 단계에서 기본이 되는 태도입니다.

"네가 실망한 것은 이해해. 하지만 문을 세게 닫는 것은 안 돼"와 같이 모든 감정은 수용 가능하지만 모든 행동이 허용되는 것은 아님을 분명히 하며 감정과 행동을 구분해야 합니다. 감정을 충분히 인정하고 이해한 후에는 "이런 상황에서 어떻게 하면 좋을까?", "다음에 비슷한 감정이 들면 어떻게 대처하고 싶어?"라고 물으며 상대방이 스스로 해결책을 찾도록 도와주고, 필요하다면 함께 브레인스토밍을 통해 여러 대안을 탐색할 수 있습니다. 감정 코칭은 일회성 대화가 아닌 지속적인 접근법이므로 모든 감정적 순간에 일관성을 유지해야 하며, 시간이 부족하거나 상황이 복잡할 때도 최소한 "지금은 자세히 이야기할 수 없지만, 네 감정이 중요하다는 것을 알아"라고 말함으로써 감정의 중요성을 인정해주어야 합니다. 마지막으로, 효과적인 감정 코칭을 위해서는 자신의 감정적 상태에도 주의를 기울이는 자기 돌봄을 실천해야 하며, 필요할 때는 "지금은 내가 차분하게 듣기 어려운 상태야. 잠시 후에 이야기하자"라고 솔직하게 말하는 것이 좋습니다.

해결 중심 접근법

해결 중심 접근법(Solution-Focused Approach)은 1980년대 미국 위스콘신의 짧은 가족 치료 센터(Brief Family Therapy Center)에서 스티브 드 셰이저(Steve de Shazer)와 인수 김 버그(Insoo Kim Berg) 부부를 중심으로 개발되었습니다. 이 접근법은 과거의 문제나 원인을 분석하는 대신, 미래의 해결책과 변화 가능성에 초점을 맞춥니다. 전통적인 문제 중심 접근법이 "무엇이 잘못되었고 왜 그런가?"에 집중한다면, 해결 중심 접근법은 "무엇이 작동하고 어떻게 더 많이 할 수 있을까?"라는 질문에 초점을 맞춥니다.

해결 중심 접근법의 기본 원칙 중 첫째는 문제보다 해결책에 집중한다는 것, 즉 과거 문제의 원인을 깊이 탐색하기보다 현재와 미래의 변화 가능성에 에너지를 투자합니다. 둘째, 작은 변화가 큰 차이를 만든다는 것으로, 작은 성공이 점차 확장되어 전체 시스템을 변화시킬 수 있다고 봅니다. 셋째, 모든 사람은 변화에 필요한 자원과 강점을 이미 가지고 있으며, 문제 상황에서도 항상 예외가 존재합니다. 넷째, 문제에 대한 깊은 이해 없이도 효과적인 해결이 가능하다는 것입니다.

주요 기법과 도구

해결 중심 접근법은 몇 가지 특징적인 기법을 활용합니다. '예외 질문'은 "이 문제가 덜 심각하거나 없었던 때는 언제였나요? 그때는 무엇이 달랐나요?"와 같이 문제가 없거나 덜했던 상황을 탐색합니다. '기적 질문'은 "만약 오늘 밤 기적이 일어나 문제가 해결된다면, 내일 아침에 어떤 변화를 가장 먼저 알아차릴까요?"라고 물어 바람직한 미래 상태를 구체적으로 그려보게 합니다. '척도 질문'은 "1부터 10까지 척도에서, 현재 상황은 어디쯤인가요?"와 같이 변화의 진행 상황을 가시화합니다. '대처 질문'은 "이런 어려운 상황에서도 어떻게 일상을 유지하고 계신가요?"라고 물어 내담자의 강점과 대처 능력을 발견합니다.

해결 중심 접근법은 다양한 분야에서 활용됩니다. 상담과 심리치료에서는 우울증, 불안, 중독, 가족 문제 등 다양한 어려움에 적용되며, 짧은 회기 내에 효과적인 변화를 이끌어냅니다. 교육 분야에서는 학생 상담, 학급 경영, 특수교육 지원에 활용되어 학생의 강점을 바탕으로 한 성장을 촉진합니다. 직장과 조직에서는 코칭, 성과 향상, 팀 빌딩, 갈등 해결에 적용되어 긍정적인 조직 문화를 형성합니다. 사회복지와 지역사회 개발 분야에서는 가족 지원, 아동 보호, 지역사회 역량 강화에 활용되어 자원 중심 접근을 통한 지속가능한 변화를 도모합니다.

장점과 제한점

해결 중심 접근법의 주요 장점은 효율성과 실용성에 있습니다. 과거의 문제보다 미래의 해결책에 집중함으로써 더 짧은 시간 내에 효과적인 변화를 이끌어낼 수 있습니다. 또한 내담자의 강점과 자원에 초점을 맞춰 자기 효능감과 자신감을 높이는 효과가 있습니다. 이 접근법은 목표 지향적이고 긍정적인 언어를 사용하여 희망과 가능성의 분위기를 조성하며, 내담자의 자율성과 전문성을 존중하는 협력적 관계를 형성합니다. 또한 다양한 문화적 배경과 맥락에 유연하게 적용할 수 있는 보편성을 갖추고 있습니다.

해결 중심 접근법의 제한점으로는 모든 상황에 적합하지 않을 수 있다는 점입니다. 심각한 트라우마나 복잡한 정신 건강 문제의 경우, 과거 경험에 대한 충분한 탐색과 이해가 필요합니다. 또한 일부 내담자들은 자신의 문제가 충분히 인정받지 못한다고 느낄 수 있으며, 해결책을 너무 빨리 찾으려는 시도는 때로 피상적인 변화에 그칠 위험이 있습니다. 이 접근법을 사용할 때는 내담자의 준비 상태와 선호도를 고려하고, 필요에 따라 다른 접근법과 유연하게 통합하는 것이 중요합니다.

적용 사례

학업 스트레스 관리에 관한 사례를 보겠습니다. 고등

학교 3학년 민수는 대입 준비로 인한 심각한 학업 스트레스와 불안을 호소하며 학교 상담실을 찾았습니다. 성적이 떨어지고 집중력이 저하되어 악순환에 빠져 있었습니다. 상담사는 해결 중심 접근법을 활용하기로 했습니다.

첫 회기에서 상담사는 문제의 원인이나 과거 이야기보다 민수의 목표에 초점을 맞췄습니다. "상담이 완전히 성공적이라면, 어떤 변화가 일어날 것 같나요?"라고 물었고, 민수는 "시험 볼 때 덜 불안하고, 공부에 더 집중할 수 있고, 밤에 잠도 잘 자고 싶어요"라고 구체적인 목표를 설정했습니다.

다음으로 상담사는 예외 상황을 탐색했습니다. "최근에 불안감이 덜하고 공부가 잘 됐던 때가 있었나요?" 민수는 잠시 생각한 후 "지난주 토요일 오전에는 꽤 집중이 잘 됐어요. 2시간 동안 수학 문제를 풀었는데 평소보다 효율적이었어요"라고 대답했습니다. 상담사는 "그때는 무엇이 달랐나요?"라고 물었고, 민수는 "아침에 일찍 일어나서 산책을 하고 왔고, 폰을 다른 방에 두고 공부했어요. 그리고 작은 목표를 정해서 달성할 때마다 짧게 휴식을 취했습니다"라고 설명했습니다.

상담사는 척도 질문을 활용했습니다. "1부터 10까지 척도에서, 1은 최악의 상태이고 10은 목표를 완전히 달성한 상태라면, 지금은 어디쯤인가요?" 민수는 "3정도요"라고 답했습니다. "그럼 4가 되려면 무엇이 달라져야 할까요?"라고 물었을 때, 민수는 구체적인 아이디어(아침 산책 루틴 만들기, 공부 시간에 휴대폰 멀리하기, 25분 공부-5분 휴식 타이머 설정하기)를 생각해냈습니다.

이후 몇 주 동안 상담사는 민수가 자신의 해결책을 실천하고 발전시키도록 지원했습니다. 매 회기마다 "지난주에 무엇이 더 나아졌나요?"라고 물으며 작은 성공에 초점을 맞췄고, 민수가 스스로 발견한 추가 전략(친구와의 스터디 그룹 형성, 긍정적 자기 대화 연습)도 격려했습니다.

6주 후, 민수는 척도 질문에 "7정도 됐어요"라고 답했고, 집중력이 향상되고 불안이 감소했다고 보고했습니다. 특히 "문제에 집착하기보다 해결책을 찾는 사고방식이 일상생활에도 도움이 된다"는 통찰을 얻었습니다. 상담은 총 8회기로 마무리되었고, 민수는 자신감을 회복하여 대입 준비에 효과적으로 대처할 수 있게 되었습니다.

이번에는 직장 내 갈등 해결 사례를 보겠습니다. 마케팅 팀과 개발 팀 사이의 지속적인 갈등으로 프로젝트 진행이 어려워진 IT 기업에서, 외부 컨설턴트가 해결 중심 접근법을 활용한 팀 워크숍을 진행했습니다.

컨설턴트는 먼저 각 팀이 상대 팀의 잘못이나 문제점을 분석하는 대신, "이상적인 협업 관계가 형성된다면 어떤 모습일까요?"라는 기적 질문을 통해 공동의 비전을 설정하도록 했습니다. 양 팀은 '명확한 의사소통',

'상호 존중', '공동의 성공 축하' 등의 구체적인 목표를 설정했습니다.

다음으로 "지금까지 두 팀이 잘 협력했던 순간이 있었나요?"라는 예외 질문을 통해 성공 사례를 발굴했습니다. 놀랍게도 6개월 전 출시한 제품의 마지막 단계에서 두 팀이 야근을 함께하며 효율적으로 협력했던 경험이 공유되었습니다. "그때는 무엇이 달랐나요?"라는 질문에 '공동의 명확한 목표가 있었다', '정기적인 짧은 회의를 통해 소통했다', '각 팀의 제약사항을 이해했다' 등의 요소가 확인되었습니다.

컨설턴트는 "현재 협업 수준을 1~10 척도로 평가한다면?"이라고 물었고, 평균적으로 '3'이라는 답변을 받았습니다. '4'로 올라가려면 각 팀이 무엇을 할 수 있을까요?"라는 질문을 통해 즉시 실행 가능한 작은 변화(주간 연합 회의 신설, 프로젝트 초기 단계부터 공동 계획 수립, '통역사' 역할을 할 담당자 지정 등)를 도출했습니다.

이 소규모 변화들이 약 2개월간 실행된 후, 팀 간 협업 척도는 '6'으로 상승했고, 프로젝트 완료 시간이 평균 15% 단축되었습니다. 가장 중요한 변화는 '우리와 그들'이라는 이분법적 사고가 '우리 모두'라는 통합적 인식으로 전환된 것이었습니다. 1년 후 추적 조사에서 이 변화는 조직 문화로 정착되었으며, 새로운 직원들도 이러한 협업 방식을 자연스럽게 습득하게 되었습니다.

가이드

 해결 중심 접근법 실천 가이드는 문제보다 원하는 변화에 초점을 맞추며 과거의 원인이나 분석보다는 미래에 원하는 상태를 구체적으로 그려보는 것에서 시작합니다. "이 상황이 해결된다면 무엇이 달라질까요?"와 같은 질문을 통해 긍정적이고 구체적인 목표를 설정하도록 돕습니다. "만약 오늘 밤 당신이 잠든 사이에 기적이 일어나 문제가 해결된다면, 내일 아침에 어떤 점이 달라졌다는 것을 알아차릴까요?"와 같은 기적 질문을 활용하여 상대방이 문제에서 벗어나 바람직한 미래를 상세히 상상하도록 안내합니다. 문제가 덜 심각하거나 없었던 예외적인 상황을 탐색하며 "그때는 무엇이 달랐나요?"라고 물어봄으로써 이미 작동하고 있는 해결책의 단서를 발견합니다.

 1부터 10까지의 척도 질문을 사용하여 "현재는 어디쯤인가요?"라고 물어보고, "그 점수가 0이 아닌 이유는 무엇인가요?"라고 질문하여 이미 작동하는 것을 인식하게 하며, 다음 작은 단계를 계획하도록 돕습니다. "이런 어려운 상황에서도 어떻게 매일을 견디고 있나요?"와 같은 대처 질문으로 상대방의 강점과 회복력을 발견하고 인정합니다. '왜 안 되는지'보다 '어떻게 가능할지'에 중점을 두는 긍정적인 언어를 사용하여 가능성을 확장하고 행동 변화를 촉진합니다. 큰 목표보다는 "내일 할 수 있는 작은 한 가지는 무엇일까요?"라고 물어보며 실행 가능한 작은 행동에 집중하고, 이러한 작은 변화가 일어나면 중요하게 여기고 축하합니다. "6개월 후에 이 변화를 유지하고 있다면, 무엇이 다를까요?"와 같은 미래 지향적인 질문으로 장기적인 비전과 지속가능한 변화를 그려보도록 하며, 성공의 징후가 보이면 "그 변화를 가능하게 한 것은 무엇이었나요?"라고 물어 성공 요인을 분석하고 확장합니다. 마지막으로, 변화를 위한 노력을 '시도'나 '실험'으로 접근하도록 격려함으로써 성공과 실패의 부담 없이 유연하게 새로운 방법을 탐색할 수 있는 안전한 공간을 만들어줍니다.

심리게임

교류분석

심리게임을 이해하기 위해서는 먼저 교류분석에 대해서 알 필요가 있다. 교류분석은 말 그대로 사람들 사이에 벌어지는 교류, 즉 대화를 분석하는 것입니다.

> 매일 아침, 회사로 향하는 지하철에서 문득 이런 생각이 들었습니다.
>
> "어제 팀 회의에서 내가 너무 감정적으로 반응했나?"
> "아니야, 그건 정당한 의견 개진이었어."
> "그래도 다른 방법이 있지 않았을까…"

이렇게 우리는 하루에도 수없이 많은 대화를 나눕니다. 그런데 이상하게도 비슷한 상황에서 비슷한 갈등이 반복되는 것을 발견하게 됩니다. 마치 누군가 미리 쓴 대본대로 움직이는 것처럼요.

교류분석은 이런 우리의 소통 방식을 이해하고 개선하는 데 도움을 주는 관계의 지도입니다. 마치 내비게

이선처럼, 우리가 어디에서 출발해서 어떤 경로로 대화하고 있는지, 그리고 어떻게 하면 더 좋은 관계의 목적지에 도착할 수 있는지를 보여주죠.

예를 들어, 같은 상황에서도 우리는 다양한 방식으로 반응할 수 있습니다. 동료가 "이 프로젝트 일정이 너무 빡빡한 것 같아요."라고 했을 때, 우리는 이때 엄격한 부모처럼 "일정은 원래 그런 거예요. 더 열심히 해야죠."라고 대응할 수 있습니다. 또는 이성적인 어른처럼 "구체적으로 어떤 부분이 가장 걱정되나요?"라고 대응할 수도 있습니다. 또는 솔직한 어린이처럼 "맞아요, 저도 너무 부담돼요."라고 대응할 수도 있습니다.

이런 각각의 반응은 우리가 살아오면서 형성한 '마음의 지도'에서 비롯됩니다. 어린 시절 부모님께 배운 가치관, 스스로의 경험과 판단, 그리고 순수한 감정이 모두 이 지도를 그리는 데 영향을 미치죠.

더 흥미로운 점은, 이 지도가 고정된 것이 아니라는 사실입니다. 우리는 새로운 이해와 배움을 통해 지도를 업데이트할 수 있습니다. 예를 들어, "모든 일에 완벽해야 해"라는 오래된 길 대신 "실수해도 괜찮아, 그게 배움의 기회야"라는 새로운 길을 그릴 수 있죠.

이 과정에서 가장 중요한 것은 자신과 타인을 있는 그대로 인정하는 태도입니다.

> "나도 괜찮은 사람이고, 너도 괜찮은 사람이야."

이런 기본적인 신뢰를 바탕으로 할 때, 우리는 더 건강한 소통의 길을 발견할 수 있습니다. 작은 예시를 하나 더 들어볼까요? 팀장이 "이 보고서 마감이 내일이에요."라고 했을 때 우리는 여러 방식으로 반응할 수 있습니다. 불만을 속으로만 삭이고 야근을 할 수도 있고, 팀장과 일정 조율을 위한 대화를 시도할 수도 있죠. 교류분석은 이런 상황에서 우리가 왜 특정한 방식으로 반응하는지, 그리고 어떻게 하면 더 효과적으로 소통할 수 있는지를 이해하는 데 도움을 줍니다.

결국 교류분석은 우리에게 이렇게 말해줍니다.

> "당신의 생각, 감정, 행동에는 모두 이유가 있어요. 그것을 이해하고 필요하다면 변화시킬 수 있답니다. 더 나은 소통과 관계를 위해서라면요."

심리게임

퇴근 무렵, 동료가 다가와 이렇게 말합니다.

> "이 업무 좀 도와주실 수 있나요? 제가 잘 모르는 부분이라..."

순간 망설여집니다. 이미 내 업무로 충분히 바쁜데, 또 도와달라고 하네요. 하지만 거절하기도 쉽지 않습니다. 결국 "알겠습니다"라고 답하고, 속으로는 불만이 쌓입니다. 다음 날, 그 동료는 또 다른 도움을 요청합니다. 이런 상황이 계속 반복되면서 관계는 점점 불편해집니다.

이것이 바로 '심리게임'의 시작입니다. 겉으로 보이는 대화 아래에는 우리도 모르는 또 다른 이야기가 숨어있는 거죠.

"도와주실 수 있나요?"라는 질문은 단순한 도움 요청이 아닐 수 있습니다.

동료의 숨은 메시지는 "내 일은 당신이 해줘야 해. 그래야 내가 안전하게 느껴져."이며, 나의 숨은 메시지는 "거절하면 나쁜 사람이 될 것 같아. 어쩔 수 없이 해야지."입니다.

이렇게 시작된 심리게임은 마치 동화 속 정해진 이야기처럼 전개됩니다.

1막 - 도움 요청과 마지못한 수락
2막 - 반복되는 요청과 쌓이는 불만
3막 - 폭발하는 감정과 관계의 균열

> "작년에도 이런 일이 있었는데, 올해도 똑같네."
> "왜 나만 이런 상황에 자주 처하지?"

이런 생각이 든다면, 여러분은 아마도 심리게임의 한가운데 있는 것일 수 있습니다.

또 다른 예시를 볼까요? 부부간의 대화입니다.

아내	"당신은 일만 하네요."
남편	"그래야 가족들이 편하게 살 수 있잖아요."
아내	"돈보다 중요한 게 있다고요."
남편	"그래서 내가 이렇게 고생하잖아!"

이 대화에서 진짜 하고 싶은 말을 파악하는 것이 중요합니다. 겉으로 하는 말 이면의 내용은 다음과 같습니다. 이것을 모르면 절대로 부부싸움은 해결될 수 없습니다.

아내	"나는 당신의 관심과 사랑이 필요해요."
남편	"나는 좋은 남편이 되고 싶은데, 인정받지 못하는 것 같아요."

심리게임은 이처럼 우리가 진짜 하고 싶은 말을 하지 못하고, 돌려서 표현할 때 시작됩니다. 그리고 이는 대부분 우리가 어린 시절부터 학습해온 패턴과 연결되어 있죠.

"착한 사람은 'No'라고 말하면 안 돼."
"감정을 직접적으로 표현하면 약해 보여."
"나를 필요로 해야 관계가 유지될 수 있어."

이런 믿음들이 우리도 모르게 심리게임의 시나리오를 쓰고 있는 것입니다. 하지만 여기서 중요한 점은, 모든 심리게임에는 '출구'가 있다는 것입니다. 그 첫 번째 단서는 자신의 패턴을 알아차리는 것에서 시작합니다.

특정 상황에서 불편함을 반복적으로 느낄 때
대화 후에 항상 후회나 분노가 남을 때
비슷한 갈등이 다른 사람들과도 반복될 때

이런 순간들이 바로 심리게임을 발견할 수 있는 신호입니다. 결국 심리게임은 우리에게 이렇게 말해주고 있는지도 모릅니다.

> "당신이 진정으로 원하는 것은 무엇인가요? 그것을 솔직하게 표현해보는 건 어떨까요?"

이제 우리는 더 건강한 관계를 위해, 심리게임의 패턴을 벗어나 진정성 있는 소통으로 나아가는 방법을 함께 찾아보려 합니다.

일상에서의 심리게임

매일 아침 출근길, 늘 같은 자리에서 만나는 이웃이 있습니다.

> "아이고, 오늘도 출근하세요? 저는 이제 은퇴해서 편하게 쉬고 있죠."

겉으로는 친근한 인사 같지만, 왠지 기분이 불편해집니다.
점심시간, 동료가 한숨을 쉬며 말합니다.

> "저는 이런 것도 잘 모르겠네요. 과장님께서 도와주시겠어요?"

매번 이런 식으로 도움을 요청하는 동료 때문에 업무

가 늘어나지만, 거절하기가 쉽지 않습니다.

이번에는 저녁에 집에 돌아와 배우자와 나누는 대화를 보겠습니다.

> "여보, 오늘도 늦었네요." "미안해요, 회사가 바빠서..."
> "그래요, 일이 중요하니까요."

매일 반복되는 이 대화는 어딘가 불편합니다. 이런 상황들이 바로 우리가 일상에서 자주 마주치는 심리게임입니다. 겉으로는 평범해 보이는 대화지만, 그 속에는 더 복잡한 감정과 의도가 숨어있죠. 하나씩 자세히 들여다볼까요?

'난 괜찮아' 게임

직장에서 흔히 볼 수 있는 상황을 하나 소개합니다.

민지	"부장님, 이번 프로젝트 일정이 너무 빡빡한 것 같아요."
부장	"우리 때는 이것보다 더 바빴어. 다들 이겨냈는데 뭐."
민지	"네... 알겠습니다."
	(다음 날)

민지	"죄송한데 몸이 안 좋아서 조퇴하고 싶습니다…"

이 대화는 표면적으로만 받아들여서는 안 됩니다. 이면적인 의미는 다음과 같습니다. 속마음을 읽을 줄 알아야 합니다.

민지	"도움이 필요해요. 이대로는 힘들어요."
부장	"나도 힘들었지만 참았어. 너도 참아야 해."

결과적으로 민지는 진짜 도움을 받지 못하고, 결국 몸이 아프다는 '합당한' 이유를 들어 상황을 피해갑니다.

'그래, 하지만…' 게임

친구와의 대화에서 자주 발생하는 패턴의 대화를 소개합니다.

수진	"요즘 너무 우울해. 뭔가 변화가 필요한 것 같아."
영희	"운동을 시작해보는 건 어때?"
수진	"그래, 좋은 생각이야. 하지만 시간이 없어."

영희	"그럼 주말에만이라도…"
수진	"주말에는 너무 피곤해서…"

이 심리게임의 실제 의미는, 수진은 실제로 해결책을 원하는 게 아니라, 자신의 현재 상태를 정당화하고 싶어합니다.

영희는 계속해서 해결책을 제시하지만, 모든 제안은 거절당할 운명입니다.

'네가 없었더라면' 게임

이 내용은 부부 사이에서 자주 발생하는 패턴입니다.

아내	"당신 때문에 내 경력이 단절됐잖아요."
남편	"내가 양육과 집안일을 도와주잖아."
아내	"그래도 내 인생이 이렇게 될 줄은 몰랐어요."
남편	"그럼 내가 뭘 어쩌라고…"

이 심리게임의 숨은 의미를 살펴보겠습니다.

아내	"내 삶의 불만족스러운 부분에 대해 이야기하고 싶어."
남편	"나도 최선을 다하고 있는데 인정받지 못해 서운해."

심리게임을 알아차리는 방법

이런 심리게임들의 공통점은 무엇일까요? 비슷한 대화가 반복된다는 것입니다. 또한 대화 후에 양쪽 다 불편한 감정이 남습니다. 문제는 해결되지 않고 계속해서 제자리입니다. 겉으로 하는 말과 속마음이 다릅니다.

우리가 이런 심리게임에 참여하는 이유는 대부분 직접적인 감정 표현이 어렵기 때문입니다.

> "난 도움이 필요해."
>
> "나를 인정해줘."
>
> "내 이야기를 들어줘."

이런 솔직한 마음을 표현하는 대신, 우회적인 방법을 선택하는 거죠. 하지만 모든 게임에는 '중지' 버튼이 있습니다. 그리고 그 버튼은 바로 '진정성 있는 대화'입니다. 이런 심리게임을 벗어나는 구체적인 방법들을 알아보도록 하겠습니다.

심리게임 벗어나기

회의실 안, 긴장감이 감돕니다. "이번 프로젝트는 누가 맡아 줄 수 있을까요?" 순간 모두의 시선이 바닥으로 향합니다. 늘 그렇듯 결국 제가 "제가 하겠습니다"라고 말하려는 찰나, 문득 지난 시간 배운 심리게임이 떠올랐습니다. '잠깐, 이건 또 다른 심리게임의 시작이 될 수 있겠구나...'

우리가 심리게임에 빠지는 순간들을 자세히 들여다보면, 특정한 패턴이 보입니다.

첫째는 의무감의 함정에 빠집니다. "이 정도쯤이야..." 하면서 시작된 추가 업무가 쌓이고 쌓여 결국 번아웃으로 이어지는 경우가 많습니다. 그리고 우리는 이렇게 자신을 합리화하죠.

"다른 사람들도 다 이렇게 하는 거야"

"싫다고 하면 이기적으로 보일 거야"

"이번만 참으면 돼"

둘째는 감정 억제의 순간이 있습니다. 불편한 감정이 올라올 때, 우리는 종종 이렇게 반응합니다.

> "아니에요, 전 괜찮아요." (실제로는 전혀 괜찮지 않은데도)

> "그럴 수도 있죠, 뭐." (실제로는 매우 화가 나는데도)

> "신경 쓰지 마세요." (실제로는 많이 상처받았는데도)

셋째는 새로운 시도를 하는 것인데, 업무 상황이라면 다음과 같이 말해야 합니다.

> "현재 진행 중인 프로젝트의 상황을 말씀드리면... (구체적인 업무량을 설명한 후) 이 상태에서 새 프로젝트를 맡게 되면 두 가지 일 모두 퀄리티가 떨어질 것 같습니다. 대신 제가 2주 후에는 현재 프로젝트가 마무리되는데, 그때 새 프로젝트를 맡는 것은 어떨까요?"

가족 관계에서는 이렇게 말하는 것이 좋습니다.

> "지금 많이 서운하고 화가 나요. 하지만 이걸 차분히 이야기하고 싶어요. 우리 잠시 후에 이야기를 나눌 수 있을까요?"

새로운 대화의 시작

일상적 대화의 전환이 필요합니다. 집에 돌아와 배우자와 나누는 대화를 살펴보겠습니다. "여보, 오늘도 늦었네요."라는 말에 대해서 과거의 대화 패턴을 먼저 볼게요.

나	"미안해요. 일이 너무 많아서…"
배우자	"매일 그 말씀이네요."
나	"나도 하고 싶어서 하는 게 아닌데…"
배우자	"그래요, 알았어요." (차가운 어조)

이 대화의 숨은 의미는 다음과 같습니다.

나	'이해해주지 않으면 당신이 이기적인 사람이에요.'
배우자	'당신에게는 가족이 중요하지 않은가 봐요.'

이런 대화를 다음과 같은 대화로 바꿔보세요.

나	"네, 늦어서 미안해요. 기다리느라 속상했죠?"

배우자	"네... 저녁도 식었어요."
나	"앞으로는 늦을 것 같으면 미리 연락드릴게요. 그리고 주말에는 우리 시간을 가졌으면 해요. 어떤 계획이 있으신가요?"

이런 대화는 네 가지 특징을 보여주고 있습니다. 첫째는 상대방의 감정을 먼저 인정하는 것이고, 둘째는 구체적인 상황을 설명하는 것입니다. 셋째는 실천 가능한 대안을 제시하는 것이며, 넷째는 상대방의 의견을 물어보는 것입니다. 이 네 가지의 대화 방식을 사용한다면 대화는 매우 원활하게 진행이 될 것입니다.

습관 만들기

감정 일기 쓰기

매일 저녁 10분, 오늘의 대화를 돌아보며 아래의 질문들에 답해보세요.

어떤 상황에서 불편함을 느꼈나?
그때 진짜 하고 싶었던 말은?
왜 그 말을 하지 못했을까?
다음에는 어떻게 표현하면 좋을까?

다음의 예시처럼 작성하면 됩니다.

상황	팀장님이 퇴근 직전에 새로운 업무를 주셨다
느낌	답답함, 억울함
하고 싶었던 말	"오늘은 더 이상의 업무를 받기 어려워요"

하지 못한 이유	거절하면 평가에 안 좋은 영향을 미칠까봐
다음에 시도할 표현	"현재 진행 중인 업무가 있어서, 새 업무는 내일부터 시작하면 좋을 것 같습니다"

타임아웃 활용하기

감정이 격해질 때는 다음과 같이 구체적인 표현들을 사용해보세요.

"잠시 생각할 시간이 필요합니다. 30분 후에 다시 이야기 나눌 수 있을까요?"

"지금은 제가 감정적인 상태인 것 같습니다. 조금 진정되고 나서 이야기 나누고 싶어요."

"이 문제는 중요해 보이네요. 내일 아침에 차분히 논의하는 건 어떨까요?"

소통의 새로운 규칙 만들기

관계가 어려워지는 것은 대부분 소통의 방식 때문입니다. 마치 서로 다른 규칙으로 게임을 하는 것처럼요.

그래서 우리는 함께 지킬 수 있는 새로운 소통의 규칙이 필요합니다.

정기적인 대화 시간을 만들어보세요. 가정에서는 매일 저녁 식사 시간은 핸드폰 없는 시간으로 정한다거나, 매주 일요일 저녁 8시는 '가족 이야기 시간'으로 정하는 것입니다. 한 달에 한 번은 '가족 회의'를 열어 서로의 고민과 바람을 나누는 것도 좋습니다.

직장이라면 매주 월요일 오전은 '주 조정의 시간'으로 활용해보세요. 또는 매일 오후 4시는 '15분 팀 소통 타임'으로 정하거나, 한 달에 한 번 '팀 회고의 시간'을 가져 개선점을 논의해보세요.

대화의 기본 원칙 세우기

첫째, '나' 중심의 대화를 하는 것이 좋습니다.

하지 말아야 할 표현	"당신은 항상 이래요"
추천 문장	"나는 이런 상황에서 속상해요"

둘째, 감정과 사실은 구분해서 말하는 것이 좋습니다.

하지 말아야 할 표현	"너무 무책임하게 굴지 마세요"
추천 문장	"지난 회의에서 정한 마감일이 지켜지지 않아서 걱정이에요"

 셋째, 적극적으로 경청을 해야 합니다. 상대방의 말이 끝날 때까지 기다리는 것이 중요합니다. 그리고 내가 이해한 내용을 다시 한 번 확인하는 것이 필요한데, "제가 이해한 것이 맞나요?"라고 말을 해야 합니다. 또한 판단하기 전에 "그 부분에 대해 더 자세히 설명해주실 수 있나요?"와 같이 질문을 하는 것이 좋습니다.

감정 표현의 신호등 규칙

 현재 하고 있는 대화에서 감정의 변화에 따라 다음의 신호등 규칙을 적용하는 것이 필요합니다. 멈춤이 필요한 빨간불이라면 잠시 대화를 중단하는 요구를 해야 합니다. 만약 그렇게 대처를 하지 못한다면 갈등은 매우 커지게 되어 해결은 커녕 폭력으로 이어질 수도 있습니다.

빨간불 (멈춤이 필요할 때)

"지금은 감정이 너무 격해서 잠시 시간이 필요해요"

"30분 후에 다시 이야기 나누면 좋겠어요"

노란불 (주의가 필요할 때)

"그 말씀이 저는 조금 불편하게 느껴지네요"

"제가 이해한 것과 다른 것 같은데 확인하고 싶어요"

초록불 (대화를 이어갈 수 있을 때)

"네, 계속해서 말씀해 주세요"

"당신의 이야기에 공감이 됩니다"

주의가 필요한 노란불일 때가 있을 것입니다. 이때 자신의 감정에 대해서 표현을 하지 않는다면 빨간불로 진행이 될 수 있으니 적절한 시점에 표현을 하는 것이 필요합니다.

대화가 잘 되는 초록불일 때도 아무런 말을 하지 않는 것이 아닌, 반응을 보이는 것이 좋습니다. 대부분의 사람들은 적절한 답변을 하며 대화를 하겠지만 전혀 무반응으로 하는 사람들도 있습니다. 초록불에서도 공감과 호응의 말을 해주는 것이 좋습니다.

갈등 해결을 위한 5단계 규칙

문제 상황 설명하기
감정 표현하기
요구사항 전달하기
상대방의 입장 듣기
함께 해결책 찾기

갈등 해결의 첫 단계는 문제 상황을 구체적인 사실 중심으로 설명하는 것입니다. "지난 주 회의에서 결정된 사항이~"와 같이 객관적인 정보를 바탕으로 대화를 시작합니다. 두 번째 단계에서는 자신의 감정을 솔직하게, 그리고 '나'를 주어로 표현하는 것이 중요합니다. "이 상황에서 저는 소외감을 느꼈어요"라고 말함으로써 책임을 전가하지 않고 자신의 감정에 집중합니다. 세 번째 단계는 구체적이고 실현 가능한 요구사항을 전달하는 것입니다. "앞으로는 중요한 결정 전에 미리 의견을 물어봐 주셨으면 해요"와 같이 명확한 방향성을 제시합니다. 네 번째 단계에서는 판단을 유보하고 상대방의 입장을 경청하며, 그들이 처한 어려움을 이해하려 노력합니다. 마지막 다섯 번째 단계는 양측 모두가 수용할 수

있는 해결책을 함께 모색하고, 구체적인 실천 계획을 세우는 것입니다. 이러한 5단계 규칙을 통해 우리는 갈등 상황을 건설적으로 해결하고 관계를 더욱 강화할 수 있습니다.

규칙 실천을 위한 팁

시작은 작게
정기적인 점검
긍정적 강화
실수에 대한 유연성

 갈등 해결 규칙을 실천할 때는 모든 것을 한꺼번에 적용하려 하기보다 가장 중요하고 시급한 부분부터 작게 시작하는 것이 효과적입니다. 첫 번째 단계를 마스터한 후 다음 단계로 넘어가는 점진적 접근이 더 지속 가능한 변화를 가져옵니다. 또한 규칙이 잘 지켜지고 있는지 정기적으로 함께 점검하고, 상황에 맞게 규칙을 수정하는 유연성을 발휘하는 것이 중요합니다.

 규칙이 잘 지켜졌을 때는 서로를 격려하고, 아주 작

은 긍정적 변화라도 알아차려 칭찬함으로써 새로운 소통 방식이 자리잡도록 도울 수 있습니다. 누구나 실수할 수 있음을 인정하고, 규칙을 어겼을 때를 대비한 회복 전략을 미리 세워두면 좌절감 없이 다시 시도할 수 있습니다. 상대방을 비난하기보다는 함께 다시 도전하는 자세가 중요합니다.

이러한 소통 규칙들은 하루아침에 완벽하게 적용되기 어렵습니다. 마치 새로운 언어를 배우는 것처럼 시간과 인내가 필요합니다. 하지만 꾸준한 시도와 연습을 통해 점차 더 건강한 소통 방식이 일상에 자연스럽게 녹아들게 됩니다. 가장 중요한 것은 완벽한 규칙의 이행이 아니라, 서로를 이해하고 존중하려는 진심 어린 노력임을 기억해야 합니다.

끝말

지혜와 성장

그동안 주변의 갈등이 많이 보였을 것입니다. 그만큼 갈등이 주는 타격은 강합니다. 하지만 잘 살펴보면 갈등을 지혜롭게 잘 해결해 나가는 사람들도 있다는 것을 알 수 있습니다. 이제는 갈등을 바라보는 시각이 남다른 사람들, 갈등을 피하지 않고 문제 해결에 적극적으로 임하는 사람들을 발견할 줄 알아야 합니다. 그리고 이 책을 읽는 독자 여러분도 그와 같은 사람이 될 수 있습니다. 이 책의 내용을 잘 활용한다면 어떤 갈등이 다가오더라도 지혜롭게 해결할 수 있는 역량을 갖추게 될 것입니다.

물론 당장 쉽게 갈등 해결자가 되는 것은 아닙니다. 이 책을 가까이에 두고 어떤 갈등이 생겼을 때 다시 열어보길 권합니다. 이해와 실천은 분명 다른 차원의 문제이므로, 실제 상황에서 책의 내용을 적용해보는 노력이 필요합니다.

혹시 이 책의 독자 중 자신이 갈등 조장자나 갈등 동조자였음을 깨달은 분이 있다면, 책을 읽으면서 진지한 성찰의 시간을 가졌을 것입니다. 이는 이 책에서도 강조했듯이 자책이 아닌 성장의 기회가 되는 것입니다.

욕심에 관한 내용을 읽으면서 과거에 욕심 부렸던 일들이 떠올라 부끄러운 감정이 들 수도 있습니다. 저 또한 이 책을 쓰면서 스스로를 반성하는 순간을 수없이 경험했습니다. 잊고 있었던 초등학생 시절의 기억까지 떠올라 "정말 부끄럽네!"라는 말을 여러 번 되뇌었습니다.

'갈등 해결하기'의 내용을 꾸준히 실천해 보시면 분명 달라진 자신의 모습을 발견하게 될 것입니다. 사람의 습관은 하루아침에 바뀌지 않습니다. 지금까지 형성된 자신만의 갈등 대처 방식이 쉽게 변하지는 않겠지만, 우리가 공부하는 이유는 바로 변화와 성장을 위해서입니다. 갈등에 대한 이해와 해결 능력의 향상을 통해 여러분의 인간관계가 더욱 풍요로워지고, 삶이 더욱 행복해지기를 진심으로 응원합니다.

갈등해결자

갈등을 바라보는 새로운 시각

초판발행	2025년 3월 15일
지은이	김진태
펴낸이	레오
펴낸곳	brainLEO
등록	2016년 1월 8일 제2016-000009호
주소	서울시 양천구 중앙로 324, 203호
전화	02) 2070-8400
이메일	jint98@naver.com
ISBN	979-11-94051-04-6 (03180)

Copyright © 2025 by 김진태

* 책값은 뒤표지에 있습니다.
* 파본이나 잘못 만들어진 책은 구입하신 곳에서 교환해 드립니다.
* 이 책은 저작권법에 의하여 보호를 받는 저작물이므로 무단 전재와 복제를 금합니다.